성공을 부르는
비즈니스 골프 수업

BUSINESS GOLF CLASS

성공을 부르는 비즈니스 골프 수업

시리어스 골퍼(김태훈)
지음

웅진윙스

추천의 말

GE 회장이었던 잭 웰치는 임원을 뽑을 때 함께 골프를 쳤다고 합니다. 골프가 일종의 면접이었던 것인데, 여기에는 2가지 교훈이 있습니다.

1) 임원은 골프를 할 줄 알아야 한다.
2) 임원은 골프 매너가 좋아야 한다.

1번은 필수는 아닙니다. 한국에서는 골프를 하려면 시간이 오래 걸립니다. 비용도 만만치 않습니다. 잭 웰치도 골프 하지 않는 사람을 억지로 불러내지는 않았을 것입니다. 그러나 골프를 한다면 조금 더 유리해집니다. 영어와 비슷합니다. 영어를 잘 못 해도 일상생활에 크게 지장은 없지만 잭 웰치와 라운드할 기회는 생기지 않을 것입니다.

더 중요한 건 두 번째입니다. 골프를 한다면 제대로 해야 합니다. 프로 선수처럼 스윙해야 한다는 말이 아닙니다. 골프의 정신은 정직과 에티켓인데 그걸 모른다면 비즈니스 골프에서 낭패를 당할 겁니다. 인생을 골프에 비유하곤 합니다. 골프 라운드는 매우 응축된 인생입니다. 골프할 때의 감정 진폭은 매우 큽니다. 설레임과 기대로 시작해, 좌절과 분노를 경험하고 기쁨과 환희를 느낄 때도 있습니다. 상대를 업신여기게 되거나 모멸감을 느끼기도 합니다.

잭 웰치는 이런 증폭된 감정 속의 골프 라운드에서 어떤 행동을 하는지를 보고 그 사람의 됨됨이를 판단할 수 있다고 여긴 것입니다. 라운드를 해보면, 어려움을 침착하게 극복해 나가는지, 다른 사람을 어떻게 배려하는지, 너무 성격이 급하거나 지나치게 여유롭지는 않은지를 알 수 있습니다. 또한 골프는 속일 수 있는 기회가 많습니다. 친구들과의 명랑 골프 라운드에서 습관적으로 했던 행동들이 무의식중에 나올 수 있는데 격식을 차린 라운드에서는 매우 나쁜 영향을 미치게 됩니다.

저자는 공학을 전공하고 글로벌 기업에 다니다 골프로 유학을 다녀왔고 유명 골프용품 회사에서 마케팅 간부로 일했습니다. 포털 사이트에 '시리어스 골퍼'라는 칼럼도 연재했습니다. 칼럼처럼 매우 진지한 골퍼입니다. 이 책은 비즈니스 골프는 물론 에티켓, 규칙, 장비 물리학, 멘탈, 코스 등 골프 전반을 다루고 있습니다. 비즈니스 골프의 가장 중요한 원칙은 가장 적절한 사람, 예를 들어 결정권이 있는 책임자와 라운드를 하는 것입니다. 『성공을 부르는 비즈니스 골프 수업』은 가장 적합한 저자가 쓴 비즈니스 골프 책입니다.

— 성호준, 중앙일보 골프전문기자

골프를 즐기는 국내 유저가 약 560만 명을 넘어섰다는 기사를 본 적이 있습니다. 골프를 즐기는 한 사람으로서, 젊은 세대 사이에서 높아진 골프에 대한 관심이 국내 골프의 위상을 높이고, 골프 산업 및 서비스의 성장으로 계속 이어지기를 기대하고 있습니다. 골프는 스포츠이면서 친교의 수단, 즉 비즈니스로서의 성격도 함께 가지고 있기에 동반자를 배려하고, 다른 팀의 경기 진행을 방해하지 않아야 하는 등 골퍼로서 마땅히 지켜야 할 규칙들이 존재합니다. 저도 비즈니스를 계기로 골프에 입문하면서 골프 스킬에 대한 교재는 쉽게 접할 수 있었던 반면, 골프의 규칙과 상식, 에티켓과 매너들을 알기 쉽게 체계적으로 배울 수 있는 방법이 마땅치 않아 초기에 많은 시행착오를 겪었던 기억이 있습니다.

이런 측면에서 『성공을 부르는 비즈니스 골프 수업』은 비즈니스 골퍼로 입문하는 초심자뿐만 아니라 취미로 즐기는 골퍼도 동반자와 즐겁게 라운드할 수 있도록 도와주는 책입니다. 이 책을 통해 배우는 골프 규칙과 상식은 골프의 재미를 높여주고, 이 책에서 알게 된 에티켓과 매너는 골퍼로서의 품격과 신뢰를 높여줄 것입니다. 골프 인구 1000만 시대를 앞두고 입문자들에게 도움이 될 좋은 책을 집필하느라 수고하신 김태훈 후배님에게 따뜻한 성원과 격려를 보냅니다.

- 오화경, 저축은행중앙회 회장

김태훈 프로와의 인연도 어느덧 20년이 되어 갑니다. 당시 한국 IBM에서 네오위즈를 담당하는 영업사원이었던 그와 첫인사를 나누었던 기억이 납니다. 업무 파트너로 만났지만 늘 모두를 도와준다는 생각이 들어 더 마음을 열게 되었고 재미있게 일했습니다. 이렇게 소중하고 절친한 파트너가 2009년 무렵, 갑자기 골프 유학을 떠난다고 선언했습니다. 골프를 좋아하는 것은 알고 있었지만 결혼해서 어린 아이까지 있는 아빠가 골프 유학을 간다고 하니 놀랐습니다. 안정적인 길을 포기하는 것에 대해 안타까움이 들기도 했습니다. 하지만 한편으론 현실에 안주하지 않고 도전하는 용기와 실천력이 부럽기도 했습니다.

유학 이후에 자주 만나지는 못했지만, 골프 칼럼니스트로서 방송, 강연 등 다방면에서 활동하는 모습을 보면서 과연 '과연 김태훈답다'는 생각을 했습니다. 진중하지만 여유 있고 매우 유머러스한 (조금은 썰렁한) '시리어스 골퍼'라는 필명에 참 잘 어울리는 골퍼로 살고 있으니 말이죠.

『성공을 부르는 비즈니스 골프 수업』에는 김태훈 프로만의 성공적인 비즈니스 골프 A to Z가 담겨 있습니다. 비즈니스 골프로 성공하고 싶은 이들에게 꼭 필요한 책이라고 믿어 의심치 않습니다. 라운드를 할 때마다 늘 에티켓과 매너를 강조하고, 아는 것이 힘이라고 믿는 김태훈 프로다운 책입니다. 아무쪼록 비즈니스 성공뿐 아니라 자연과 골프를 사랑하는 이 세상 모든 골퍼들에게 큰 도움이 되길 바랍니다.

— 배태근, 네오위즈 대표이사

표면적으로만 본다면, 골프는 조용한 스포츠입니다. '오케이' 빼고는 도움이 되는 말이 전혀 없다고 할 정도로, 말이 필요 없는 스포츠입니다. 그러나 마음속은 정반대입니다. 멋진 샷을 보여줘야 하고, 동반자보다 잘 쳐야 하고, 많이 알아야 하며, 골프 외의 주제도 적절한 시점에 꺼내서 틈틈이 대화도 해야 하고, 라운드 후의 식사 고민도 해야 하고⋯⋯. 머릿속은 그야말로 수많은 생각들로 가득 차서 조금의 여유 공간도 없습니다.

필드에서 아무리 마음을 다잡으려고 해도 쉽지 않습니다. 그날의 스코어가 원하는 대로 흘러가면 흥분해서 평소에 하지 않았던 행동을 하고, 실수가 유난히 잦은 날이면 무안하고 상실감이 커져 입맛도 없어집니다. 이렇듯 골프는 요동치는 내적 마음을 잘 다스려야 하는 운동입니다.

특히 우리나라의 골프 문화는 4인 플레이가 거의 정형화되어 있기 때문에 혼자만의 운동이라기보다는 동반 플레이어들과의 긴밀한 교류가 중심이 됩니다.

『성공을 부르는 비즈니스 골프 수업』. 제목부터 마음에 탁 와 닿습니다. 무수한 잡념들을 정리하고, 오직 오늘의 라운드에 집중할 수 있게 만드는 이 시대 골프의 교본. 라운드 후 귀가할 때 한편에 자리 잡았던 아쉬움 대신 상쾌한 기분으로 운전대를 잡을 수 있게 하는 지침서. 동반자들에게 직접 말하기 어려웠던 골프 매너를 대신 전달하는 훌륭한 메신저. 이 책을 읽는 것만으로 여러분은 필드에서만큼은 세련되게 동반자들을 배려하고 리드하는 프로페셔널로 기억될 것입니다.

— 신동철, 반도그룹 부사장

프롤로그

"태훈 씨도 이제 골프 시작해야지?"

2002년 초, IBM에 입사했던 저는 신입사원 교육을 받는 동안 좋은 동기나 선배들을 많이 만나 이후로도 자주 어울리게 되었습니다. 그런데 재미있는 건 술자리에서 만나는 선배마다 골프는 빨리 시작하는 게 좋다고 권했다는 겁니다. 골프를 칠 줄 알면, 혹은 잘 치면 성공의 기회가 그만큼 많아진다고 했습니다. 당시 저는 골프는 스포츠 뉴스에서나 보았던 터라 그 조언들이 별로 와닿지 않았습니다. 이제 겨우 신입사원이기도 해서 '꼭 배워야 하나?' 하는 의문이 들기도 했죠. 그런데 결국 선배들의 성화에 못 이겨 3개월짜리 골프 레슨을 받기 시작했습니다.

제가 골프를 배우기 시작했다는 소문이 나니 '선생님'들이 나타나서 이것저것 알려주기 시작했습니다. 그런 가르침을 받으니 곧 골프를 정복할 수 있을 것 같고, 필드에 나가도 플레이에 문제가 없을 것 같은 기분이 들었습니다.

드디어 필드에 나가는 날, 프로젝트를 함께 진행하던 멤버들과 춘천의 어느 골프장으로 첫 라운드를 나갔습니다. 초보 골퍼라도 일반적으로 드라이버를 사용해서 티샷을 합니다. 그런데 저는 아이언으로 티샷을 했습니다. 제대로 된 티샷을 할 수 없을 정도로 준비되지 않은 상태였던 것이죠. 떠올리면 지금도 얼굴이 화끈거리는 일도 있었습니다.

그린에서 플레이할 때 동반자들이 볼 뒤에 뭔가를 놓은 후 볼을 집어 들길래 저도 볼 뒤에 뭔가 박아 넣고 볼을 집어 들었습니다. 제가 볼 뒤에 박아 넣은 건 티Tee였습니다. 동반자들이 볼 뒤에 둔 건 당연히 볼마커였고요. 그때 저는 볼마커가 뭔지도 모르는 사람이었습니다. 단단한 그린에 박은 티는 잘 빠지지도 않더군요.

너무 부끄러운 이야기지만 이렇게 공개하는 이유는 골프는 플레이 외에도 고려할 게 많은 스포츠라는 걸 그때 깨달았기 때문입니다. 단순히 골프 클럽을 마련해서 필드에서 잘 치기만 하면 되겠다고 생각했었는데 그게 아니었습니다.

골프는 생각할 것도, 고려하며 행동해야 할 것도 많은 스포츠입니다. 돌이켜보니 골프를 처음 시작할 때 주변에서 '스윙을 이렇게 해 봐라', '이런 장비를 써 봐라' 등의 조언을 해주는 사람은 많았지만,

골프 규칙이나 특정 상황에서 어떻게 행동해야 하는지를 설명해주는 사람은 별로 없었습니다. 그저 '잘 쳐야 한다', '민폐를 끼치지 말아야 한다'는 생각만 앞선 나머지 내가 어떤 동반자인가에 대해서는 정작 생각해보지 않았습니다.

  골프를 시작하고 20년이 되어서야 내가 어떤 동반자가 될 것인지를 진지하게 고민해보게 되었습니다. 이 책을 쓴 이유가 바로 그것입니다. 부디 이 책이 여러분의 비즈니스 골프 라이프를 조금 더 빛나게 해주길 바랍니다.

2022년 가을

김태훈

Special Thanks To

이 책을 쓸 수 있는 동기와 에너지를 부여해준 종훈형, 제가 전할 수 있는 최대한의 감사한 마음을 전합니다. 3년이 넘는 기간 동안 칼럼을 연재할 수 있도록 해주신 카카오 스포츠사업파트 이동훈 팀장님, 저의 글이 빛을 볼 수 있도록 도움 주신 웅진씽크빅 이재진 대표님과 기노준 팀장님, 박예지 매니저님, 김연정 매니저님, 책의 디자인과 구성에 있어 저의 결정 장애를 극복할 수 있도록 도와준 강주연과 아센디오의 김민주님, 홍진주님 그리고 건강을 지키기 위한 노력의 중요성을 일깨워준 동헌형에게 감사의 인사를 전합니다.

무엇보다도 골프 유학이라는 불확실성 가득한 선택을 가능하게 해주고, 항상 격려를 아끼지 않은 아내 정현주, 딸 윤서, 아들 윤후에게 미안하고 고맙습니다. 그리고 생전에 골프의 즐거움을 함께 나누지 못하고 떠나신 아버지께 이 책을 마음으로 전합니다.

차례

추천의 말   04
프롤로그   10

1부 비즈니스 골프 개론

01 비즈니스 골프란 무엇인가   20
비즈니스 골프 시장의 성장   21
비즈니스 골프에서 주의할 점   24
• 골프의 기원과 변화   30

02 비즈니스 골프에서 알아야 할 규칙   33
골프 규칙의 변화 방향   37
골프 규칙의 핵심 원칙   38
비즈니스 골프에서 기억해두면 좋은 규칙   44
• 골프 장비의 역사   61

03 비즈니스 골프 에티켓   68
기본적인 골프 에티켓   68
비즈니스 골프 에티켓 – 라운드 시작 전   71
비즈니스 골프 에티켓 – 라운드 도중   74
비즈니스 골프 에티켓 – 라운드 이후   86

2부 플레이할 때 알아야 할 것들

01 골퍼의 기본 자질   92
    현대 골프의 새로운 요소   95

02 골프 스윙의 기본 요소   98

03 골프 클럽   104
    효율적인 클럽 구성 팁   106

04 골프볼 선택하기   112
    골프볼의 퍼포먼스   113
    골프볼 사용 원칙   116

05 골프 멘탈의 중요성 – 입스 극복   122
    입스는 어떻게 나타나는가   125
    연습 방법을 바꿔라   126
    비전 54의 조언   128

06 골프 영양학   131
    골프에서 소모되는 에너지량   132
    골프 라운드에 좋은 음식   132
    수분 섭취의 중요성   134

07 골프 피트니스 – 근육과 유연성   136
    하체 훈련   138
    상체 훈련   139
    엑스팩터   140
    유연성   141

08 골프 코스에 대한 이해　　　　　　　　　　145
　골프 코스의 구성　　　　　　　　　　146
　티잉 구역　　　　　　　　　　149
　골프 코스 공략법　　　　　　　　　　151
　벙커　　　　　　　　　　155
　퍼팅 그린　　　　　　　　　　160

09 골프 샷의 결과와 그 원인　　　　　　　　　　165
　샷 결과를 좌우하는 2가지 – 스윙 궤도와 클럽 페이스　　　　　　　　　　167

10 올바른 연습의 필요성　　　　　　　　　　173
　무엇을 연습할 것인가　　　　　　　　　　174
　어떻게 연습할 것인가　　　　　　　　　　179

3부 골프 상식 사전
: 비즈니스 골퍼라면 알아야 할 기초 교양

01 다양한 형태의 골프 게임　　　　　　　　　　186
　매치 플레이와 스트로크 플레이의 차이　　　　　　　　　　188
　매치 플레이가 적용되는 게임　　　　　　　　　　190

02 플레이어의 핸디캡　　　　　　　　　　194
　핸디캡 수치가 필요한 이유　　　　　　　　　　196
　신 페리오 방식　　　　　　　　　　198

03 골프 코스의 난이도   200

    코스 레이팅   202
    슬로프 레이팅   203
    홀별 핸디캡의 의미   205

04 주요 골프 대회   208

    주요 메이저 대회   209
    그랜드 슬램   211
    다양한 국가 대항전들   213

05 골프 어워드   217

06 위대한 골퍼들   222

07 장비 규칙   232

08 골프 장비에 대한 오해와 진실   239

09 골프 통계   250

10 주요 용어 정리   261

    골프 규칙상 용어   262
    골프 규칙 외 용어   265

에필로그   273
참고문헌   276

비즈니스 골프란 무엇인가

01

사람들이 골프를 즐기는 이유는 다양합니다. 여러 사람들과 모여 게임을 즐기는 게 좋아서, 탁 트인 자연 속에서 여유롭게 운동을 할 수 있어서, 주변 사람들이 많이 하니까 등등. 이렇게 취미로 즐기는 골프는 '레저 골프' 또는 '레크리에이션 골프'라고 하죠. 이러한 취미 목적 말고도 사업상 필요해서 골프를 치는 경우도 있습니다. 이런 골프는 '비즈니스 골프'라고 합니다.

비즈니스 골프란, 단순 친목 도모가 아닌 비즈니스를 목적으로 하는 골프 활동이라고 할 수 있습니다. '접대 골프'라고도 불리는데, 이 말에는 부정적인 어감도 있긴 합니다. 비즈니스 골프 활동은 골프 라운드로만 끝나지 않습니다. 라운드를 시작하기 전에 식사를 하거나 티타임을 가지면서 이야기를 나누기도 하고, 라운드가 끝나고 나서는 술자리로 이어지는 경우가 일반적이기 때문에 골프장에서 플레이하는 것 외에 신경 써야 할 부분이 많습니다. 골프 플레이 장소 또한 야외 골프장뿐만 아니라 스크린 골프장이나 골프 연습장까지 포함되죠. 관계 유지를 위해 지속적인 골프 관련 활동을 하는 것이 모두 비즈니스 골프 활동에 포함된다고 생각하면 됩니다. 앞에서 제가 골프에 입문하게 된 계기를 말씀드렸는데, 회사 선배들이 빨리 골프를 배우라고 재촉했던 이유는 비즈니스 활동에 골프가 도움이 된다는 믿음이 있었기 때문입니다.

비즈니스 골프 시장의 성장

통계청 자료에 의하면, 2016년을 기점으로 골프장에서 사용된 법인카드 사용액이 유흥업소 사용금액의 합계를 넘어섰고, 그 격차는 해가 갈수록 커지고 있다고 합니다. 특히 2019년의 통계를 보면, 골프장 법인카드 결제액은 약 1조 3000억 원에 이릅니다.

이러한 통계가 의미하는 바는, 비즈니스에 있어 골프를 이용한 섭

최근 10년간 법인세 신고 법인의 법인카드 사용 현황 (유흥업소, 골프장)

(단위: 억원)

구분		2010년	2011년	2012년	2013년	2014년	2015년	2016년	2017년	2018년	2019년(잠정)
유흥업소 사용금액		15,335	14,137	12,769	12,340	11,819	11,418	10,286	9,608	9,146	8,609
	룸싸롱	9,963	9,237	8,023	7,468	7,332	6,772	5,905	4,993	4,778	4,524
	단란주점	2,436	2,331	2,107	2,110	2,018	2,013	1,804	1,792	1,823	1,650
	극장식 식당	2,102	1,624	1,341	1,340	1,185	1,232	1,067	1,019	918	873
	나이트 클럽	564	507	429	416	407	369	316	315	300	
	기타 유흥주점	270	438	869	1,006	878	1,032	1,194	1,489	1,327	1,265
골프장 사용금액		9,529	10,244	10,490	10,513	10,787	10,995	10,972	11,070	11,103	12,892

(출처: 국세청)

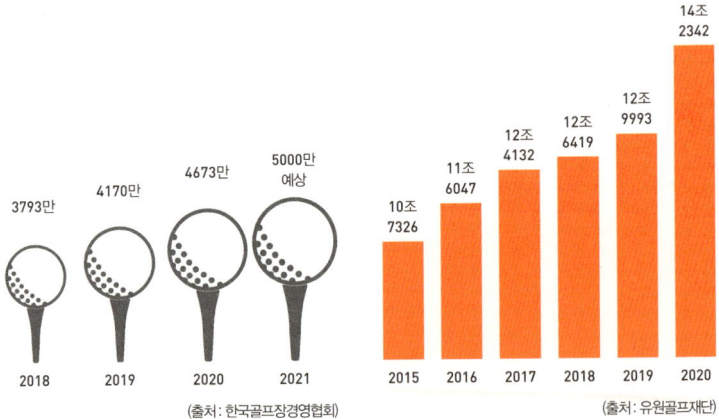

국내 골프장 이용객 현황 (단위: 명)
- 2018: 3793만
- 2019: 4170만
- 2020: 4673만
- 2021: 5000만 예상

(출처: 한국골프장경영협회)

국내 골프 시장 규모 (단위: 억원)
- 2015: 10조 7326
- 2016: 11조 6047
- 2017: 12조 4132
- 2018: 12조 6419
- 2019: 12조 9993
- 2020: 14조 2342

(출처: 유원골프재단)

대가 더 활발하게 이루어지고 있으며, 골프가 유용한 비즈니스 툴로 활용되고 있다는 것입니다. 비즈니스 골프 혹은 접대 골프라고 하면 부정적인 이미지를 떠올리는 경우가 많습니다. 하지만 음주 문화가 대부분이던 접대 문화가 야외 스포츠 형태로 변화되고 있다는 것은 긍정적인 변화로 보입니다.

특히 지난 몇 년간 팬데믹 기간을 거치면서, 골프 인구가 비약적으로 늘어났습니다. 야외 활동이기 때문에 상대적으로 코로나와 같은 전염병으로부터 안전하다는 인식이 퍼지면서, 새로운 골프 인구가 유입되었으며, 라운드 횟수 역시 폭발적으로 증가했고, 이에 따라 골프 시장 규모도 전례 없는 속도로 증가했습니다.

특히 최근 젊은 층의 골프 인구를 보았을 때, 비즈니스 골프가 향후에도 중요한 비즈니스 수단이 될 것임을 예상할 수 있습니다. 한국레저산업연구소에 따르면 2021년 기준 2030 골퍼는 115만 명으로, 2019년 46만 2000명에서 2년 새 2.5배로 늘었습니다. 비즈니스에서 관계를 형성하는 사람들이 골프를 더 쉽게 접하고 있고, 이에 따라 골프 라운드는 더 폭넓은 고객군을 커버하고 있습니다. 골프장 부킹이 어려울 정도로 인기가 치솟고, 비즈니스 골프의 가치가 올라감에 따라 법인 회원권의 가격 역시 폭발적으로 증가하고 있는 것이 최근의 현상입니다.

이렇게 골프가 비즈니스 수단으로 각광을 받는 것에는 다양한 이유가 있지만, 대표적인 몇 가지는 다음과 같이 정리할 수 있습니다.

1. 소수의 인원으로 5시간 이상의 시간을 함께 보낸다.
2. 라운드 이외에도, 식사 및 음주와 같은 다양한 활동이 가능하다.
3. 후속 라운드 약속을 잡는 등 지속적인 관계 형성이 가능하다.

이러한 현실에서 비즈니스 골프에 대한 올바른 이해와 비즈니스 목적에 맞는 골프 라운드에 요구되는 골퍼의 자질 역시 중요하게 생각하는 관점이 많아지고 있습니다.

비즈니스 골프에서 주의할 점

비즈니스 골프는 레저로 즐기는 골프와는 목적성에서 큰 차이가 있습니다. 무엇보다 다른 점은 라운드에 참여하는 골퍼가 회사나 조직을 대표하게 된다는 것이죠. 따라서 한 개인의 플레이가 회사나 조직에 대한 평가로 이어질 수 있습니다. 비즈니스 관계를 새로 형성하거나 기존 관계를 돈독하게 하려는 목적이 있기 때문에 향후 관계를 어떻게 유지할지까지도 좌우할 수 있습니다.

비즈니스 골프는 관계 형성에 득이 될 수도 있고 독이 될 수도 있다는 말입니다. 골프를 능숙하게 잘 친다면 재미있게 라운드하면서 좋은 분위기를 만드는 데 도움이 될 겁니다. 하지만 플레이 실력이 전부가 아닙니다. 스코어를 줄이며 순위를 매기기보다는 필드에서 대여

섯 시간을 함께 보내는 동안 어떤 태도와 인상을 보여주느냐가 중요합니다. 특히 골프 매너와 에티켓을 지키는 것은 매우 중요합니다.

골프에 이런 말이 있습니다.

"못 치는 사람과는 골프를 칠 수 있어도 매너 없는 사람과는 칠 수 없다."

그만큼 매너와 에티켓은 필수 능력입니다.

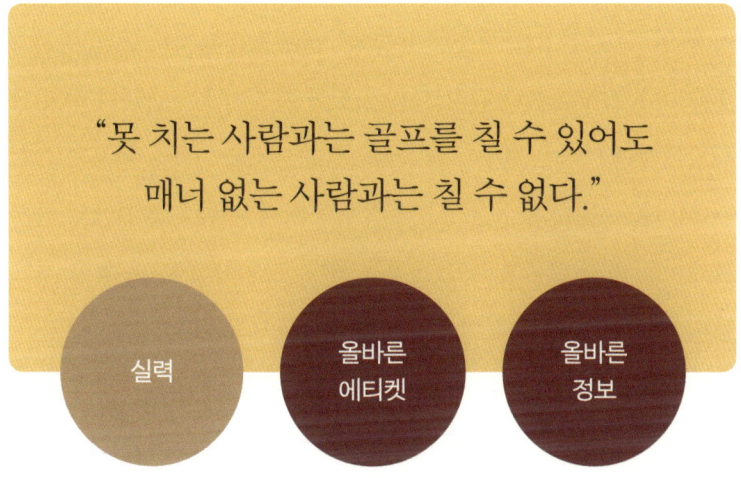

앞에서도 말했지만 골프장이 최고의 비즈니스 무대로 인정받는 이유는, 18홀을 함께 도는 동안 일을 믿고 맡겨도 될 만한 사람인지, 좋은 사업 파트너가 될 수 있을지 파악할 수 있기 때문입니다. 라운드 도중 상황에 따라 일 대 일로 이야기를 할 기회가 생기면 더 긴밀하게 비즈니스 대화를 할 수도 있습니다. 그런데 이 시간 동인 동만자

의 심기를 불편하게 만들거나 유쾌한 인상을 주지 못하면 그 시간 자체가 낭비가 되고 맙니다. 관계를 형성하기도 어렵고 유지하기도 힘들어지죠. 좋은 '동반자' 역할을 하지 못하는 비즈니스 골프는 시간과 비용의 낭비일 뿐입니다.

비즈니스 골프에는 몇 가지 주의해야 할 요소가 있습니다.

첫 번째 요소는 '진실성Integrity'입니다. 골프라는 스포츠에는 심판이 없다는 특성이 있습니다. 따라서 골프 스코어를 계산할 때 상대방을 속일 수도 있고 규칙을 적용할 때 남에게만 엄격하게 굴 여지가 있습니다. 스코어링과 규칙 적용에 있어 자신에게는 관대하지만, 상대방에게는 엄격한 경우가 많을 수 있다는 거죠. 그래서 골프는 규칙과 매너를 무시하기 쉬운 스포츠라고도 합니다. 넓은 공간에서 각자 플레이를 하기 때문에 골프 경기를 하다 보면 다양한 '유혹'을 겪게 됩니다. 예를 들면, 자신에게 유리하도록 골프 규칙을 해석하려고 하거나, 잘 맞은 공이 디봇 자국에 들어갔을 때 살짝 옮기고 싶은 마음이 생긴다거나, OBOut of Bounds 구역을 조금 벗어난 공을 그대로 치고 싶어진다거나 하는 것이죠.

규칙과 스코어에 엄격한 동반자들과 경기를 할 때는 지나친 융통성을 발휘해서는 안 됩니다. 반대로 가볍게 즐기고 싶어하는 동반자들에게 지나치게 엄격하게 규칙을 적용하면 눈치 없는 사람이 되겠죠. 그래서 균형감을 갖는 것이 중요합니다. 균형감을 가지려면 첫 2~3홀 동안 동반자의 성향을 빠르게 파악해야 합니다. 플레이 자체뿐 아니라 전반적인 분위기를 파악하는 별도의 노력을 하는 것이 필요합니다. 진실성이라는 요소를 기회로 만들려면 골프 규칙에 대한 올바른 이해와 올바른 정보를 갖고 있어야 합니다. 골프 규칙은 계속 변하는데 대부분의 골퍼는 자신의 경험을 토대로 규칙을 적용하고 플레이하려는 경향이 있습니다. 자신이 잘못 알고 있는지조차 모른 채 말이죠.

두 번째 요소는 '절제Control/Moderate'입니다. 골프를 하다 보면 지나침이 해가 되는 경우가 많습니다. 특히 동반자에 대한 '조언'이 그렇습니다. 라운드 중에는 골프에 대한 조언을 많이 듣기도 하고 하기도 합니다. 상하 관계에 있는 사람과 라운드할 때는 윗사람이 아랫사람에게 주로 조언을 하죠. 그런데 조언이 지나치면 당연히 골프가 재미없어집니다. 문제는 지나친 조언을 하는 골퍼들은 자신이 어떤 말을 하고 있고 어떤 행동을 하는지 전혀 인지하지 못한다는 것입니다.

다른 운동의 경우도 마찬가지이겠지만 골프를 할 때, 상대가 원하는 경우가 아니라면 조언은 하지 않는 게 좋습니다. 상대방의 스윙이 아무리 좋아 보이지 않더라도, 혹은 상대방에게 도움이 많이 필요할 것 같더라도, 18홀 라운드 동안 조언을 2가지 이상 하는 것은 좋지 않습니다. 골퍼들이 조언대로 플레이했다면 모든 골퍼가 싱글 핸디캡을 가지고 있지 않을까요?

한편 라운드 도중 지나친 음주나 흡연도 절제해야 합니다. 라운드를 온 것인지, 술을 마시러 온 것인지 모를 정도로 틈만 나면 술을 마시고 권하는 사람들이 있습니다. 긴장을 해소할 목적으로 가볍게 즐길 수는 있지만 타인에게 강요해서는 안 되겠습니다.

　세 번째 요소는 '외면Appearance'입니다. 보이는 모습도 중요합니다. 우리나라는 골프 의류 시장 규모가 세계 1위입니다. 골프 산업이 급성장하면서 패션업계도 너나 할 것 없이 골프웨어 시장에 뛰어들고 있죠. 한국만큼 다양한 브랜드를 소비하고, 화려한 색과 기능성이 강조된 골프 의류를 즐기는 나라도 드물지 않을까 합니다. 이런 패션 트렌드를 따르지는 않는다고 하더라도, 깔끔한 복장을 착용하는 것이 좋겠죠. 남성의 경우, 상의를 바지 안쪽에 넣어 입는 것과 같은 기본적인 에티켓도 지켜야 합니다. 골프장에 따라 드레스코드를 요구하는 곳도 있습니다. 우리가 비즈니스 미팅에 참석할 때 격식에 맞게 옷을 입듯이 비즈니스 골프에서도 에티켓에 맞는 옷을 착장하는 것이 좋습니다.

　'보이는 모습'에는 골퍼가 하는 행동과 말도 포함됩니다. '내용'과 전달하는 '방식', 이 2가지가 모두 중요하죠. 올바른 내용을 적절한 방식으로 전달하는 것이 가장 좋겠지만, 잘못된 내용을 잘못된 방식으로 전달하는 경우도 생길 수 있습니다. 특히 장시간 함께 라운드를 하면 골프와 관련된 수많은 정보들을 접할 것입니다. 골프의 특정 주제에 대해서 열띤 토론을 벌이기도 하지만, 최악의 경우 잘못된 정보로 '우기는' 상황이 발생할 수도 있죠.

　뒤에 골프 에티켓에서 자세히 설명하겠습니다만, 경기를 보조하는 캐디를 대하는 태도도 주목할 필요가 있습니다. 캐디에게 함부로 대하는 사람들이 있는데 그런 사람들을 보면 정말 눈살이 찌푸려집니다. 무심코 내뱉은 말과 행동으로 골퍼 자신이 평가될 수 있다는 점을 기억해야 합니다.

비즈니스와 골프가 합쳐진 비즈니스 골프라는 단어를 살펴보면, 라운드에 참여하는 골퍼가 어떤 자세와 스킬을 가져야 하는지를 쉽게 유추해볼 수 있습니다. 골프는 수단의 하나로써 즐거움이 목적이지만, 비즈니스는 신의 성실의 원칙에 따라서 이루어져야 하는 업무를 지속적으로 경영하는 것이 목적입니다. 비즈니스 골프는 규칙을 지키는 성실한 플레이를 하고, 동반자와의 관계 형성에서 서로를 배려하며, 골프에 대한 올바른 지식을 가지고, 올바른 에티켓으로 플레이해야 합니다.

골프의 기원과 변화

어른이든 아이든 심심하고 할 게 없을 때 공만큼 좋은 놀잇감이 없죠. 공 하나만 있으면 금세 즐거워집니다. 그런데 우리는 왜 공놀이를 좋아할까요? 고고학자이자 저널리스트인 존 폭스는 『더 볼』이라는 책에서 대체 인간에게 '공'이 무엇인지, 인류가 언제부터 공을 갖고 놀았는지 추적하기도 했습니다. 가장 대중적인 구기 종목인 야구와 축구를 중심으로 전 세계를 누빈 작가의 결론은 조금 허무하게도 "재미있으니까."였습니다.

재미라는 측면에서 최근 더 큰 사랑을 받고 있는 골프는 그 기원에 대한 다양한 설이 존재합니다. 골프의 시초로 추정되고 있는 것 중 하나는 로마 제국 시대의 파가니카Paganica입니다. 파가니카는 막대로 볼을 치는 경기이긴 했지만, '팀 경기'라는 점에서 골프보다는 하키에 가깝다고 볼 수 있습니다.

　중국 기원설도 있습니다. 1300년대 명나라의 그림에 '걸으면서 막대로 볼을 치는' 장면이 있는데, 이 놀이를 수이건Suigan이라고 불렀다고 합니다. 중국이 골프의 원조라고 주장하는 사람들은 이 게임이 비단을 거래하던 무역상들에 의해 유럽에 전파되었고, 자연스럽게 유럽에서 발전하면서 현대의 골프가 탄생되었다고 말합니다.

　이 밖에도 프랑스와 영국 등에서 골프를 연상시키는 다양한 운동들의 기록이 남아 있지만, 막대로 물체를 치는 행동이 모두 골프의 기원이라고 보기는 어렵습니다.

　골프 역사의 관점에서, 골프의 기원으로 가장 인정받고 있는 것은 바로 네덜란드의 콜프Colf입니다. 1296년 콜프를 위한 코스가 만들어졌는데, 4개의 홀로 구성되었다고 전해집니다. 콜프는 골프와 발음도 유사하다는 점에서 더 설득력을 가지고 있습니다. 흥미로운 것은 이 게임으로 내기를 하기도 했는데, 상품이 맥주였다고 하니, 골프와 음주는 처음부터 밀접한 관계가 있었나 봅니다.

　하지만 우리가 아는 '골프Golf'는 1650년경 스코틀랜드에서 시작되었다는 것이 정설입니다. 그래서 골프를 'Made in Scotland'라고 표현하기도 하며, 스코틀랜드를 골프의 발상지로 간주하고 있습니다. 스코틀랜드에서 골프가 폭발적으로 인기를 끌게 된 데는 스코틀랜드인 특유의 열정적인 기질이 작용했다고도 전해집니다. 병사들이 훈련을 하지 않고 골프를 즐긴 나머지, 골프를 금지하는 명령이 내려졌다고 하니 골프가 얼마나 인기 있었는지 짐작할 만합니다.

이렇게 스코틀랜드에서 탄생하고 발전한 골프는 1800년대 후반 미국 동부로 넘어 가게 됩니다. 유럽과 지리적으로 가까운 동부 지역부터 골프가 전파되기 시작한 것입니다.

미국으로 건너간 골프는 여러 면에서 비약적인 발전을 이루게 됩니다. 여성의 참여가 더 활발해졌으며, 무엇보다 프로골퍼의 등장으로 직접 즐기는 골프뿐만 아니라 '관람하는' 골프 역시 활성화되었습니다.

골프가 대중화되고 골프라는 스포츠가 현재의 이미지를 갖기까지 프로골프와 스타 플레이어들의 역할은 절대적이었습니다. 우리가 투어의 대명사로 받아들이는 PGA 투어는 1929년으로 거슬러 올라갑니다. 골프는 아마추어의 경기라는 인식이 지배적이었던 시기에 골프를 '직업'으로 플레이하는 선수들이 생겨났고, TV 중계라는 가장 중요한 변화와 맞물려 골프는 비약적으로 발전하였습니다.

특히 아놀드 파머, 잭 니클라우스, 그리고 타이거 우즈가 골퍼들에게 커다란 영감을 주었고, 골프의 대중화와 국제화를 이끌어낸 스타 플레이어들 덕분에 골프는 가장 인기 있는 스포츠로 성장하게 되었습니다.

비즈니스 골프에서
알아야 할 규칙

02

주말에 가끔 이런 전화를 받을 때가 있습니다.

"지금 라운드 중인데, 티샷이 해저드로 갔고, 드롭하고 쳤는데, OB가 났네. 이거 그럼 다음 몇 타째야?"

"OB 났는데 그 옆에서 칠 수 있어?"

차분히 생각하면 충분히 계산할 수 있을 텐데 뭔가 흥분된 상황에서 논쟁 중이었는지, 조금 더 잘 안다고 생각하는 사람에게 전화해서 확인을 받으려는 것 같았습니다.

가끔은 이런 '후기'가 들리기도 합니다.

"이번에 A 회사의 김○○ 팀장하고 라운드를 했는데, 매 홀마다 타수를 하나씩 안 적는 거야. 오케이를 줬더니 그냥 들어간 걸로 아는 거 같아. 그런 규칙 안 배운 건가?"

사실 캐디가 라운드 도중 규칙 해석에 대해 도움을 줄 수는 있지만, 기본적으로 골프 규칙을 판단하는 주체는 바로 '자기 자신'입니다.

골프에는 심판이 없기 때문에 골퍼 스스로 책임감을 가져야 합니다. 골프 규칙을 이해하고 있어야 하고, 그 규칙에 따른 페널티와 구제를 정확히 적용해야 합니다. 골프를 잘 치는 것만큼이나 규칙도 정확하게 이해해야 합니다. 특히 비즈니스 골프에서는 더 올바르게 규칙을 적용해야 하는데, 이는 비즈니스 관계에서 원칙을 지키는 것이 가장 기본이기 때문입니다.

골프 규칙의 역사를 보면, 골프가 탄생한 이후 암묵적으로 합의한 규칙에 따라 플레이를 해오다가, 수백 년이 지나서야 규칙을 글로 작성한 '성문법'이 만들어졌습니다. 1744년에 스코틀랜드 에든버러의 리스Leith 지역에 '젠틀맨 골퍼스 오브 리스Gentlemen Golfers of Leith'라는 클럽이 설립되었고, 창립 첫해에 세계 최초의 오픈 대회를 열기로 했는데, 지역마다 경기 방식과 규칙이 조금씩 달랐던 게 문제가 됐습니다. 이때 에든버러 시의회가 통일된 규정이 필요함을 호소했고, 젠틀맨 골퍼스 오브 리스 회원들이 13개 항목으로 정리한 '골프 경기의 합의 조항 및 규칙Articles & Laws in Playing at Golf'이 만들어졌습니다.

최초의 골프 규칙이었죠. 지금의 골프 규칙에 비하면 훨씬 단순했습니다. 하지만 홀에서 먼 사람부터 플레이를 한다거나 티샷을 한 공으로 끝까지 플레이한다는 식의 규정은 여전히 유지되고 있습니다. 현대의 골프 규칙은 USGA(미국골프협회)와 R&A(영국왕립골프협회)가 중심이 되어 제정하고 출판한 『골프 규칙 Rules of Golf』이라는 책자에 정리되어 있습니다. 이 책자의 서문에는 골프 규칙을 다음과 같이 설명합니다.

> "골프 규칙은 누구나 이해할 수 있는 것이어야 하며, 각기 다른 능력을 가진 골퍼들이 전 세계적으로 다른 여러 유형의 코스에서 플레이할 때 일어나는 문제들에 대하여 명확한 답을 줄 수 있는 것이어야 한다."

지역이나 코스, 골퍼의 실력에 관계 없이 하나의 규칙에 의해 플레이가 된다는 의미로 해석할 수 있습니다.

가장 최근의 골프 규칙 변경은 2019년에 대대적으로 이루어졌습니다. 골프 규칙은 대개 4년에 한 번 바뀌는데, 이번 규칙 변경은 그 어느 때보다 개정의 범위가 넓었습니다. 무엇보다 경기 진행 속도 향상을 목적으로 둔 것이 눈에 띄었습니다. 2019년 개정된 룰에서는, 스트로크 플레이에서 플레이 순시를 지키지 않아도 되고, 깃대를 뽑지 않고 퍼팅을 해도 되고, 공을 찾는 시간을 5분에서 3분으로 줄이고, 드롭도 어깨 높이에서 무릎 높이로 바꾸어 드롭 시 공이 드롭 구역을 벗어나서 재드롭을 해야 하는 경우를 최소화하도록 했습니다. 이제는 골퍼들도 새 규칙에 어느 정도 적응을 한 것 같습니다.

하지만 이러한 변화에도 불구하고 바뀌지 않는 요소들이 있습니다. 바로 골프 경기의 기본 요소입니다.

골프 경기의 기본 요소
1. 홀의 크기
2. 클럽 개수 14개로 제한
3. 18개의 홀로 구성되는 1 라운드
4. 2가지 경기 방식: 매치 플레이, 스트로크 플레이.
5. 골퍼의 플레이 능력 중시

야구가 1루, 2루, 3루 그리고 홈 베이스가 있는 야구장에서 9회까지 경기를 하는 것, 그리고 축구가 전반과 후반으로 진행되고 전반과 후반에는 각각 다른 진영에서 플레이하는 것과 같이, 골프 경기 운영에도 기본 요소가 있습니다. 특히 5번 항목, 골퍼 스스로 플레이 능력을 중시한다는 부분은 더 유의할 필요가 있습니다. 이는 라운드에서 마주하게 되는 다양한 챌린지를 스스로 극복해야 한다는 뜻이고, 캐디와 장비의 도움을 받더라도 도움의 정도가 너무 커서는 안 된다는 의미이기도 합니다. 예를 들어, 타깃 방향으로 자세를 정렬하고 스트로크를 하는 데 있어, 캐디의 지나친 도움을 제한하는 규정이 생긴 것은, 골퍼 스스로 익히고 행동하는 것이 좋다는 골프의 기본 요소가 강조된 규정이라고 볼 수 있습니다.

골프 규칙의 변화 방향

2019년 개정된 골프 규칙을 살펴보면, 골프 규칙이 지향하는 바와 추구하는 가치가 잘 나타나 있습니다. 이 변화의 방향을 살펴보면, 앞으로 어떤 부분을 염두에 두고 플레이해야 할지, 특히 비즈니스 골퍼의 입장에서 어떤 플레이를 추구할 것인지에 대한 생각을 정리할 수 있습니다.

골프 규칙을 관장하는 USGA와 R&A의 입장은 다음과 같습니다.

1. 모든 골퍼들이 더 쉽게 읽고 이해하고 적용해야 한다.
2. 더 일관되고 단순하며 공정하게 적용해야 한다.
3. 게임의 오래된 원칙과 고유의 성격이 유지되어야 한다.

규칙과 용어에 대해서도 좀 더 쉽고, 통일성 있고, 익히기 쉬워야 한다는 목표를 가지고 개정이 이루어졌습니다. 무엇보다 전반적으로 플레이 속도를 중시하는 방향으로 규칙이 개정되고 있다는 점에 주목할 필요가 있습니다. 이러한 변화는 비즈니스 골프에 시사하는 바가 큽니다. 뒤에 설명하겠지만, 규칙을 적용하고 에티켓을 지키면서 경기 진행 속도를 높이는 것은 중요합니다. 골퍼는 올바른 규칙에 따라 자신의 능력으로 좀 더 빠르게 플레이해야 합니다.

「골프 규칙」 표지. (출처: 대한골프협회)

골프 규칙의 핵심 원칙

골프 규칙은 어렵고 복잡해 보이지만 핵심 원칙을 이해하고 나면 단순해집니다. 골프 규칙의 핵심은 바로 '볼은 놓인 그대로, 코스는 있는 그대로 쳐야 한다'는 것입니다. 여기에 페널티와 구제 규칙만 이해하면 됩니다.

1. 볼은 놓인 그대로 쳐야 한다

골프 규칙에 관한 가장 핵심적인 명제는 바로 '규칙 1'에 명기되어

규칙 1 골프, 플레이어의 행동 그리고 규칙
The Game, Player Conduct and the Rules

> **규칙의 목적**
> 규칙 1은 플레이어가 지켜야 할 골프의 핵심 원칙에 관한 규칙이다.
> - 코스는 있는 그대로, 볼은 놓인 그대로 플레이하여야 한다.
> - 골프의 정신에 따라 규칙을 지키면서 플레이하여야 한다.
> - 규칙을 위반한 경우, 플레이어는 스스로 페널티를 적용하여야 하며 매치 플레이의 상대방이나 스트로크 플레이의 다른 플레이어들보다 잠재적인 이익을 얻어서는 안 된다.

있습니다.

볼은 놓인 그대로 쳐야 합니다. 볼이 디봇divot에 들어간 상황이 대표적인 예입니다. 골퍼들이 가장 개정을 원하는 규칙 중 하나가 바로 디봇 구제입니다. 가끔 디봇에 들어간 볼을 임의로 빼고 치는 경우도 있는데, 골프 규칙 내에서 구제를 받을 수 있는 상황이 아니라면 볼은 놓여 있는 그대로 치는 것이 원칙입니다.

사실 디봇 자국에 있는 공을 그대로 치는 건 불공평하다고 생각하는 골퍼가 많습니다. 가장 억울한 골프 규칙이라고 하기도 하고요. 타이거 우즈조차 그런 생각에 동조했죠. 이는 '디봇'의 범위를 해석하는 데 따른 혼란이 있기 때문이 아닐까 합니다. 같은 디봇이라도 잔디가 자라나서 조금 채워져 있을 수도 있고, 모래로 메꿔진 환경일 수도 있기 때문에, 디봇이라는 환경에 대해 유리하게 혹은 불리하게 해석할 수 있는 요인이 생기는 것이죠.

아마추어 골퍼라면 디봇에 들어간 볼을 무리하게 빼려다가 다칠 수 있고 코스의 상태에 따라 더 큰 불이익을 받을 수 있습니다. 이때는 동반자의 양해와 합의를 통해 어느 정도 융통성을 발휘하여 플레이하는 것이 좋습니다.

하지만 원칙을 알고 있는 상태에서 예외 규정을 적용하는 것이 진정한 의미의 융통성이라고 볼 수 있습니다. 임의로 규칙을 적용하다가 불필요한 오해를 살 필요가 없습니다. 특히 남이 보지 않는 곳에서 슬쩍 볼을 옮겨두거나, 조금이라도 라이lie가 좋은 상황에 볼을 놓기 위해 클럽을 사용하면 절대 좋은 인상을 남기지 못합니다. 혹시라도 도저히 정상적인 스트로크를 할 수 없는 상황이라면 동반자에게 양해를 구하세요. 그것만으로도 '매너 좋은' 골퍼가 될 수 있습니다.

2. 코스는 있는 그대로 플레이한다

볼은 놓인 그대로 쳐야 한다는 명제만큼이나 중요한 원칙입니다. 코스를 있는 그대로 받아들이고 그에 맞게 쳐야 한다는 것이죠. 자신의 샷 결과에 따라, 혹은 자신의 의도에 따라 코스의 경계를 변경해서는 안 됩니다. 골퍼가 임의대로 티잉 구역을 변경하거나 경계 밖으로 나간 골프볼을 그대로 칠 수는 없습니다.

골프장에 따라 OB 경계에 대해서 동의하기 어려운 경우가 있긴 합니다. 자신의 볼이 OB 구역에 있지만, 충분히 칠 수 있는 상황이라면 코스에 대한 불만이 생기죠. 하지만 코스 경계를 그대로 받아들이는 것, 그리고 동반자들과 동일한 코스에서 함께 플레이하는 것이 '약속'이라는 점을 기억해야 합니다. 다만 규칙에 따라, 볼이 놓인 곳이 아닌 다른 장소에서 플레이하는 것이 허용되거나 요구되는 예외적인 경우가 있을 수는 있습니다. 이를 인지하고 플레이하는 것이 올바른 자세입니다.

3. 페널티와 구제 이해하기

골프 규칙 하면 대개 '손해'가 연상되기 쉬운데 규칙을 적용하는 상황이 '벌타'와 연결되는 경우가 많기 때문입니다. 하지만 '벌타'는 곧 '구제'라고 볼 수도 있습니다. 정상적인 플레이가 불가능한 상황에서, 좀 더 나은 상황을 만들어주되 스코어에 +1 혹은 +2를 해서 일종의 보정을 해주는 것이죠. 스코어를 중심으로 생각한다면 벌타, 즉 페널티Penalty이지만, 더 나은 상황을 만들어줬다는 측면에서는 '구제Relief'입니다. 골프 규칙에는 잘 알고 활용하면 도움을 받을 수 있는 '구제' 방식들이 있습니다.

규칙대로만 플레이하지 않고 어느 정도 유연성 있게 규칙을 조율하면 더 라운드 분위기를 즐겁게 만들 수는 있습니다. 하지만 동반자로 참여한 상황, 특히나 비즈니스 골프 상황이라면 규칙을 알고 있는 상태에서 양해를 구해야 합니다. 그렇지 않으면 유연한 것이 아니라 규칙을 위반한 것이 됩니다.

골프 규칙 내에서는 페널티의 등급을 3가지로 보고 있습니다.

- 1벌타: 이익이 사소한 경우, 일반적인 구제 상황

- **2벌타**: 1벌타만 주어지기엔 비교적 이익이 큰 경우, 혹은 추가적인 이익을 얻은 경우
- **실격**: 매우 부당한 행동을 한 상황

1벌타와 2벌타가 적용되는 상황이 워낙 다양하기 때문에 많은 골퍼들이 규칙을 적용할 때 혼란스러워합니다. 그래서 벌타 수를 조금 더 단순화할 필요가 있습니다.

먼저, 일반적인 구제 상황은 1벌타라고 보면 됩니다. 그러고 나서 2벌타가 적용되는 특수한 상황들을 기억하면 됩니다. 바로 벙커 구제 방식에 따른 벌타 수의 차이가 대표적인 경우입니다.

2019년 골프 규칙 변경 중 또 하나 눈에 띄는 것은 벙커에서의 구제 방식입니다. 많은 사람이 벙커에서 골프볼을 치는 것을 어려워하며 가끔은 벙커 내에서 "양 파Double Par"를 외치고 포기하기도 합니다. 벙커에 골프볼이 들어간 경우, 골프 규칙을 잘 적용하면 최소의 희생(?)으로 구제를 받을 수 있습니다. 1벌타를 받는 경우는 원위치로 돌아와서 치거나 벙커 안에서 구제를 받을 때입니다.

이번에 새로운 구제 방법이 추가되었는데, 바로 벙커 '밖'에서 구제를 받는 경우입니다. 이 경우 '벙커' 안의 모래보다 훨씬 더 좋은 조건에서 친다는 추가적인 이득이 있기 때문에 1벌타를 추가하여, 즉 2벌타를 받고 플레이하게 됩니다.

이러한 벌타 수의 차이는 OB 상황에서도 발생합니다. 특히 로컬

룰에 따라 OB 상황을 처리하는 방식이 달라지기도 합니다. 골프볼이 OB로 들어간 경우, 반드시 원래의 위치로 돌아와서 1벌타를 받고 치는 것이 원칙입니다. 하지만 우리나라에서는 로컬 룰에 의해서 OB 티에서 플레이할 경우 2벌타를 받게 됩니다. 일반적인 1벌타 적용 환경에 거리의 '추가적인 이득'을 봤기 때문입니다. 즉, 1벌타를 적용할 것이냐, 2벌타를 적용할 것이냐는, 플레이어가 거리와 같은 '추가적인 이득'을 받은 것인지의 여부를 고려하여 적용하면 좀 더 쉽게 판단할 수 있습니다.

두 번째로, 리플레이스Replace 과정에서 생긴 벌타는 대부분 1벌타입니다. 리플레이스는 볼을 인플레이하려는 '의도'를 가지고 그 볼을 내려놓는 과정을 말합니다. 예를 들어, 볼 닦기Cleaning Ball가 허용되지 않는 곳에서 볼을 집어 올리는 경우, 마크하지 않고 볼을 집어 올린 경우, 볼마크를 제거하지 않고 스트로크를 한 경우, 잘못된 리플레이스를 한 경우 모두 1벌타가 적용됩니다.

마지막 페널티 등급은 '실격'입니다. 취미로 라운드를 하는 아마추어 골퍼에게 '실격' 페널티를 적용할 일은 없습니다. 하지만 비즈니스 관계에서 실격을 당할 수는 있죠. 라운드 중에 부당한 행동을 하거나 매너를 지키지 않는 행동은 치명적인 페널티가 됩니다. 비즈니스 골프는 에티켓이 전부라 해도 과언이 아닙니다.

골프 규칙에 대한 설명을 할 때마다, 강조하고 싶은 것이 있습니다. 골프 규칙은 골프의 재미를 떨어뜨리고 게임을 복잡하게 만들기 위한 것이 아니라는 점입니다. 즐겁게 골프를 치며 동반자들과 좋은 시간을 갖는 것은 중요합니다. 하지만 이 역시도 동반자들 사이에 서로 합의된 골프 규칙을 준수할 때 더욱 즐거워질 수 있습니다. '나는 괜찮겠지' 하며 잠시 골프 규칙을 어기거나, 지나친 배려를 강요하는 것은 동반자들에게는 불편함을 넘어 불쾌함을 줄 수 있다는 사실을 기억해야 합니다.

비즈니스 골프에서 기억해두면 좋은 골프 규칙

비즈니스 골프에만 적용되는 규칙이 따로 있지는 않습니다. 다만 비즈니스 목적으로 나간 골프에서 상대방에게 규칙을 묻거나 상세한 조언을 구하는 모습은 좋은 첫인상을 주는 데 도움을 주지 않습니다. 그래서 미리 몇 가지 골프 규칙을 익히고 가는 게 좋습니다.

1. 티잉 구역 이해하기

티잉 구역을 벗어나 티샷을 하려고 할 때 '배꼽 나왔다'는 농담을 하는 경우가 있습니다. 골프볼이 놓인 위치가 티잉 구역 밖에 있다는 뜻입니다. 티잉 구역은 2개의 티마커를 사용하여 표시하며 다음에 나오는 그림과 같이 두 클럽 길이의 직사각형 공간이 됩니다. '클럽 길이'는 플레이어가 가지고 있는 가장 긴 클럽의 길이를 말합니다.

(이때 퍼터는 제외됩니다.) 예를 들어, 가장 긴 클럽이 45인치 드라이버라면, 그 라운드 동안 플레이어의 한 클럽 길이는 45인치가 됩니다. 골프볼이 일부만 걸쳐 있어도 티잉 구역에 있다는 점, 그리고 티마커의 바깥쪽이 티잉 구역의 경계라는 점을 기억하시면 됩니다.

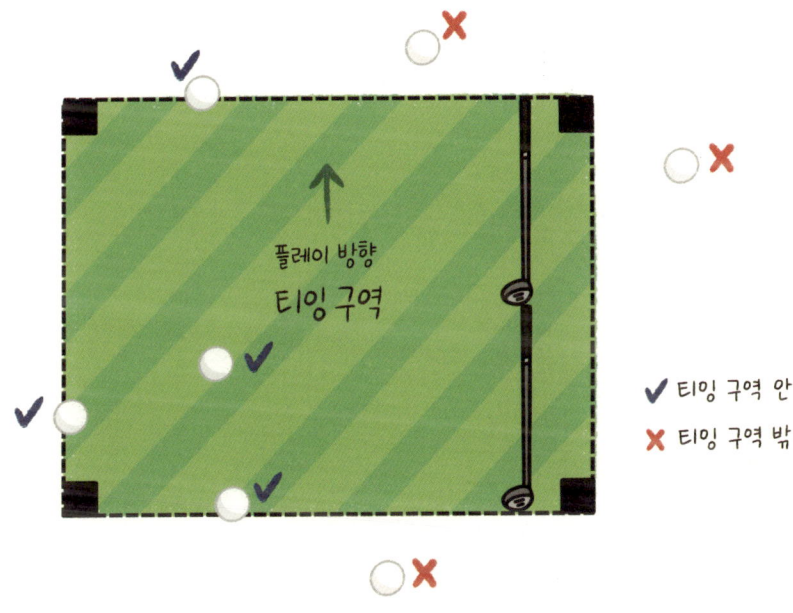

참고로, 티잉 구역에서 티샷을 할 때 반드시 티를 사용할 필요는 없습니다. 지면에 볼만 놓고 샷을 해도 무방합니다. 티에서 볼이 떨어지는 일도 있는데, 의도적으로 스트로크를 한 상황이 아니라면 벌타가 없으니 다시 티샷을 하면 됩니다.

2. 드롭 제대로 하기

골프를 치다 보면 드롭을 해야 하는 다양한 상황을 만납니다. 드롭 시에 신경 써야 할 요소는 3가지입니다. 첫째, 골퍼가 서 있는 상태를 기준으로 반드시 무릎 높이에서 드롭해야 합니다. 2019년 이전에는 어깨 높이에서 드롭하는 것이 올바른 방법이었지만, 2019년 개정

에 의해 수정되었습니다. 지형적 특성으로 앉는 등 자세를 변경할 때는 가상의 무릎 높이에서 드롭합니다. 둘째, 이렇게 드롭했을 때 볼이 홀을 기준으로 원래의 위치보다 더 가까워지면 안 됩니다. 마지막으로, 혹시라도 더 가까운 쪽으로 볼이 굴러가 정지하거나 드롭 구역을 벗어나는 경우 다시 드롭해야 합니다.

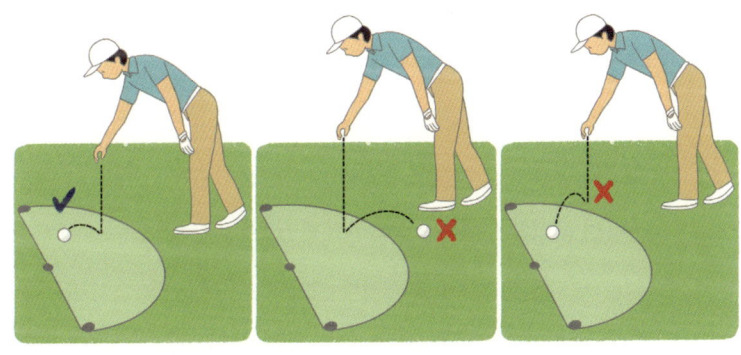

자신에게 유리한 위치 혹은 방향으로 드롭을 하기 위해 인위적인 동작을 하는 골퍼들이 있습니다. 예를 들어 드롭 시 볼에 스핀을 주는 동작 같은 것 말이죠. 실제로 이런 골퍼들을 본 적이 있는데 참 노력이 가상하다는 생각까지 했습니다. 비즈니스 골프에서는 더욱 더 이런 행동을 하지 않아야 합니다. 드롭 시 다른 골퍼가 보지 못할 것이라고 생각하지 말고, 자신의 작은 행동도 평가받을 수 있다는 점을 꼭 유념해야 합니다.

3. 페널티 구역의 구제 방식 익히기

페널티 구역(해저드)에 볼이 들어가, 볼이 놓여 있는 위치에서 칠 수 없는 상황이라면, 구제를 받아 드롭을 하게 됩니다. (당연히 구제를 받게 될 때에는 1벌타를 받습니다). 이때 중요한 것이 바로 구제를 어느 지점에서 받게 되는지, 즉 어느 지점에서 드롭을 하는지, 몇 클럽 이내에 드롭을 하는지입니다. 먼저 구제 옵션, 즉 어느 위치에 드롭하고 샷을 할 것인지에 대해서는 빨간 페널티 구역과 노란 페널티 구역이 약간 다릅니다. 하지만 다음 3가지 옵션은 동일합니다.

- **페널티 구역에 있는 볼이 놓인 그대로 플레이한다.**
- **원래의 위치로 돌아와서 친다**(다음 두 그림의 기준점1 참조).
- **홀로부터 볼이 나간 곳을 연결한 선의 직후방**(홀과 원래의 지점을 잇는 후방)**에서 친다**(후방선 구제. 다음 두 그림의 기준점2 참조).

다만, 빨간 페널티 구역의 경우에는 측면 구제라는 옵션이 하나 더 생깁니다. (〈빨간 페널티 구역〉 그림의 기준점3 참조)

일반적인 구제 상황이라면, 한 클럽 이내, 측면 구제 상황이라면 두 클럽 이내에 드롭을 할 수 있는 공간, 즉 구제 구역이 만들어집니다. 비즈니스 골프에서는 이 규칙을 아주 엄격하게 적용하지는 않지만, 최소한 볼이 나간 곳보다 지나치게 유리한 거리에서 드롭을 받는 것은 지양하는 것이 좋습니다. 물론 국내 골프장의 경우, 해저드 티

〈노란 페널티 구역〉

라고 불리는 특설 티가 설치되어 있기 때문에 로컬 룰의 적용을 받는 것은 괜찮지만, 구제에 관한 규칙을 자신에게 유리하게만 해석하는 욕심은 부리지 않는 것이 좋습니다.

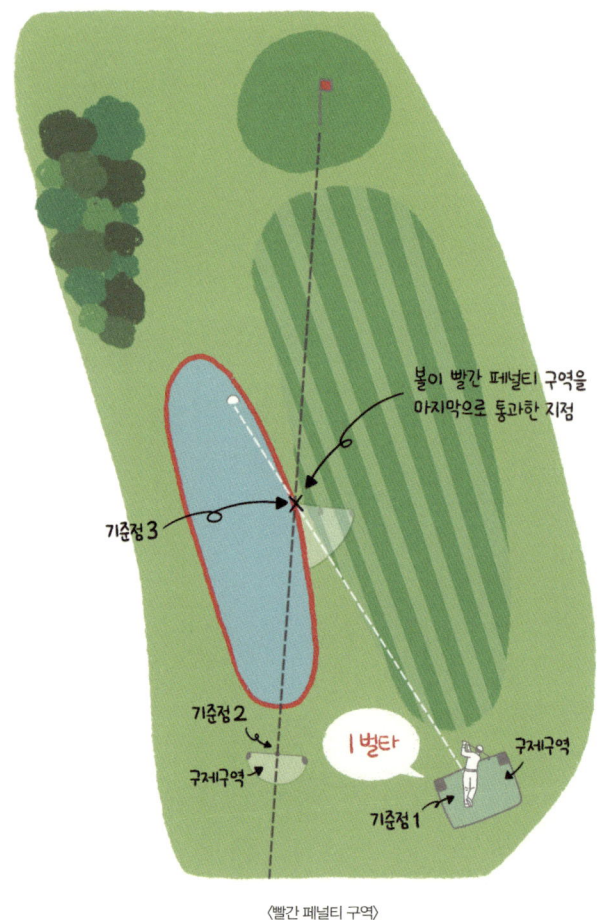

〈빨간 페널티 구역〉

4. 벙커에 적용되는 구제 옵션

아마추어 골퍼들에게 벙커는 공포의 대상입니다. 선수들은 거리까지 맞춰가며 공을 빼내지만, 일반 골퍼들은 한 번에 빠져나오기가 쉽지 않죠. 벙커에서 플레이하기 어려운 상태로 볼이 놓여 있다면 4가지 옵션 중 하나를 택하면 됩니다.

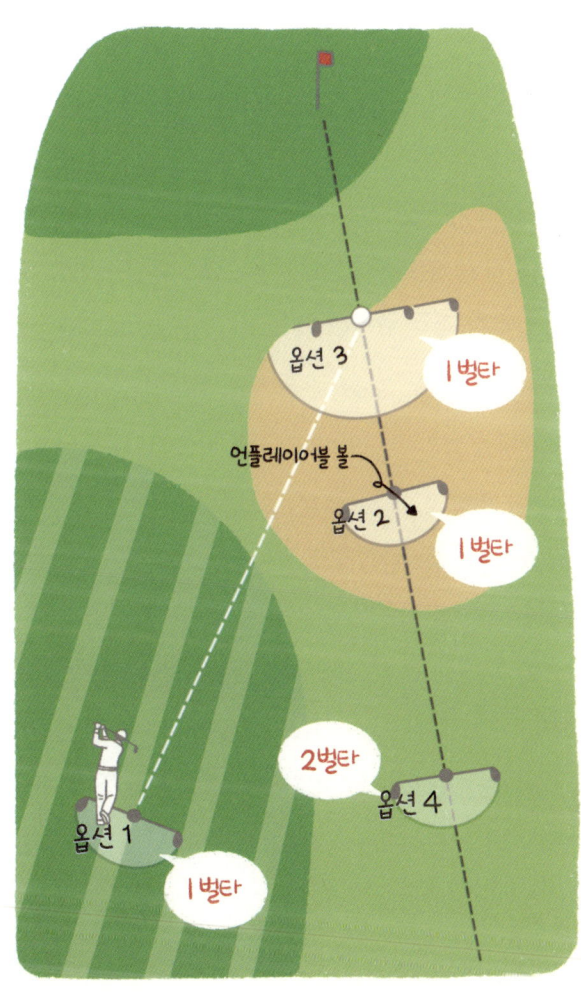

- 옵션 1 : 원래의 자리에서 친다.
- 옵션 2 : 언플레이어블 볼을 선언하고 후방선 구제를 받는다.
- 옵션 3 : 골프볼이 놓인 위치를 기준으로 측면 구제를 받는다.
- 옵션 4 : 벙커 밖으로 직후방 구제를 받는다.

특히 4번째 옵션은 2019년 규정에 의거해 새로 생긴 것으로, 벙커 밖으로 볼을 빼낼 수 있다는 옵션입니다. 다만, 벙커에 볼이 들어간 것은 일종의 페널티를 받은 것인데, 이를 페널티 구역 밖으로 구제받도록 한 것이니 다른 옵션들과는 다르게 2벌타가 주어집니다. 2벌타가 과하다고 생각할 수도 있지만, 벙커샷이 익숙하지 않은 골퍼들이 벙커에서 나오지 못하고 '양 파'를 외치는 상황이 종종 발생하는 걸 생각하면 고려해볼 만한 옵션이라고 할 수 있습니다.

5. 스트로크와 거리 페널티를 통한 구제

골프 규칙에서는 '언제든지, 플레이어는 1벌타를 추가하고 직전의 스트로크를 한 곳에서 원래의 볼이나 다른 볼을 플레이함으로써 스트로크와 거리 구제를 받을 수 있다'고 명기하고 있습니다. 쉽게 말하면, '1벌타를 받으면 언제든 원래의 자리에서 다시 칠 수 있다'는 뜻입니다. 물론 타수는 모두 누적이 됩니다. 앞서 언급했던 페널티 구제와 벙커 구제에 있어서도, 원래의 자리에서 치는 옵션이 있었던 것을 기억하실 겁니다. 즉 방금 친 볼의 결과가 페널티 구역으로 갔건,

벙커에 들어 갔건, 혹은 OB가 되었건 간에 원래의 자리에서 '1벌타'를 받고 칠 수 있는 구제 방식, 즉 '스트로크와 거리 구제'는 늘 포함되어 있는 옵션입니다.

6. OB에 적용되는 구제 옵션

국내 코스는 유독 OB에 대해 엄격합니다. 특히 충분히 플레이를 할 수 있는 상황임에도 불구하고 OB가 선언되기도 하는데요. 이런 경우 조금 억울함을 느끼는 골퍼들이 많죠. 하지만 코스 자체가 그렇게 세팅된 것이니 이 역시도 골프의 일부로 받아들이고 플레이할 수밖에 없습니다. 그런데 OB 말뚝 혹은 경계선 해석이 애매한 경우가 있습니다. 바로 볼 일부가 말뚝을 연장한 선 위에 있거나, 흰색으로 표시된 경계선 위에 올라간 경우입니다. 결론적으로 말하면, 다음 페이지의 그림과 같이 '볼 전체'가 OB의 안쪽 경계선 밖에 있는 경우에만 OB입니다.

OB에 볼이 나갔을 경우, 벌타에 대한 명확한 규칙도 숙지하는 것이 좋습니다. 볼이 페널티 구역으로 나간 상황과는 달리, OB로 볼이 나가게 되면, 원래 쳤던 자리에서 1벌타를 받고 다시 치는 것이 일반적입니다. 자신이 친 볼이 나간 것인지 확실치 않다면, 그 자리에서 프로비저널 볼Provisional Ball을 칠 수도 있습니다. 그런데 가끔 나간 자리 근처에서 '1벌타를 받고 치겠다'고 떳떳하게 선언하며 치는 골퍼들이 많은데, 이는 규칙을 잘못 해석하고 적용한 것입니다. 특히 비

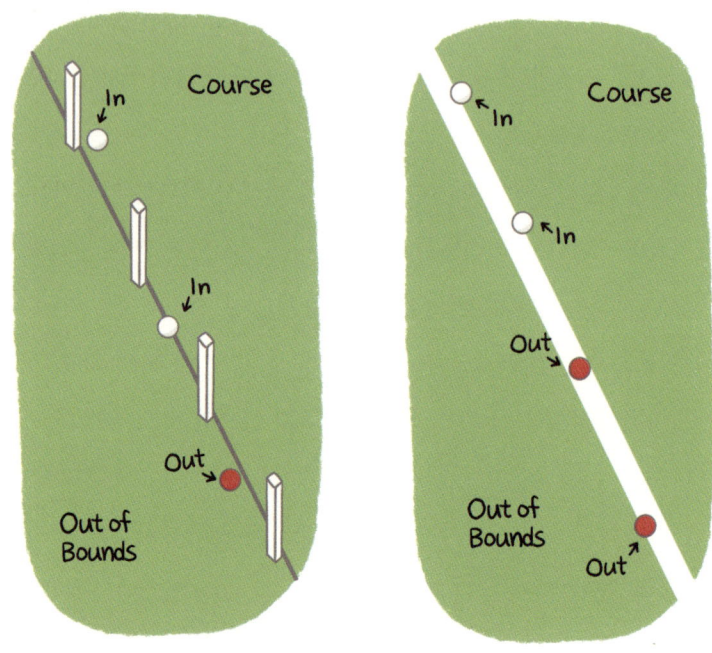

즈니스 골프 상황에서라면, 원래의 볼을 쳤던 자리에서 1벌타를 받고 바로 다시 샷을 해야 합니다. 규칙 개정에 의거해서, 로컬 룰을 통해 페널티 구역 구제처럼 측면 구제를 허용하는 경우가 있는데, 이 경우에도 2벌타를 받게 됩니다. 좀 더 쉽게 말씀드리면 OB로 나간 지점을 기준으로 드롭을 하게 될 때에는 1벌타가 아니라 2벌타를 받습니다. 페널티 구역은 '코스'의 일부이지만, OB는 코스의 일부가 아니기 때문에, 상황은 비슷해 보여도 규칙은 전혀 다르게 적용됩니다.

개인적으로는 국내 골프장의 OB 구역이 조금 줄어 들었으면 하는 바람입니다. 충분히 골프볼을 칠 수 있는 상황임에도 불구하고, 코스의 구역을 과도하게 제한한 나머지, 벌타를 받는 경우가 있기 때문입니다. 뻔히 자신의 골프볼이 보이고, 스트로크를 할 수 있는 상황임에도 불구하고, 2벌타를 받고 OB 특설 티에서 치도록 강요받는 상황이 안타까울 정도입니다. 게다가 주니어 선수들의 경우, 파워와 거리를 늘려야 하는 시기에 지나치게 좁은 코스로 인해 맘껏 샷을 하는 환경이 주어지지 않는다는 점에서, 골프장이 조금 더 OB 구역 설정에 유연성을 발휘하면 좋지 않을까 합니다.

7. 프로비저널 볼의 활용

2019년 골프 규칙 개정을 통해 사라진 단어가 몇 가지 있습니다. 그중 하나가 잠정구라는 말입니다. 이제 잠정구 대신 프로비저널 볼로 씁니다. 프로비저널 볼은 골프볼이 페널티 구역 밖에서 분실되었거나 OB로 나간 확률이 높은 경우에, 시간을 절약하기 위해서 페널티를 받고 다른 볼로 플레이하는 것을 말합니다.

혹시라도 샷을 한 후, 분실 상황이 우려가 된다면 미리 상대방에게 프로비저널 볼을 사용하겠다고 한 이후에, 샷을 다시 하면 됩니다. 이때 원래의 골프볼과 구분이 되는 플레이넘버를 새기거나 마킹을 하는 것이 좋습니다. 원래의 볼과 프로비저널 볼을 구분하지 못해, 난처한 상황을 겪을 수도 있으니까요. 특히 한국처럼 골프볼을 찾는 시간이 충분히 허용되기 어려운 경우에, 프로비저널 볼은 경기를 지

골프볼이 분실될 우려가 있거나 OB로 향한 경우, 프로비저널 볼을 치고 플레이하는 것이 좋습니다. (출처: 게티이미지)

연시키지 않고, 동반자들을 기다리게 만들지 않는 에티켓으로 활용할 수 있습니다.

  그런데 프로비저널 볼이 허용되지 않는 경우도 있습니다. 볼이 분실됐다고 예상되는 장소가 '페널티 구역'이 확실한 경우에는 프로비저널 볼이 허용되지 않습니다. 예를 들어, 파3에서 티샷을 한 골프볼이 페널티 구역으로 들어간 것이 확실한 경우에는 프로비저널 볼 자체가 허용이 되지 않습니다. 이때 프로비저널 볼을 치겠다고 하고 다시 티샷을 했다면 이는 3타째가 됨을 꼭 기억해야 합니다.

8. 언플레이어블 볼 규칙 활용

플레이 도중에 '언플레이어블 볼unplayble ball'을 외치고 샷을 해야 하는 상황이 있습니다. 볼이 과도한 경사면에 놓여 있거나 나무 등의 영향으로 안전이 위협이 되는 곳에 있어서 샷이 불가능한 경우죠. 이때는 언플레이어블 볼을 선언하고 두 클럽 이내에서 1벌타를

볼이 이처럼 수풀 속으로 들어간 상황이라면, 무리하기보다는 언플레이어블 볼을 선언하고 구제를 받아 샷을 하는 것이 좋습니다. (출처: 게티이미지)

받고 드롭을 합니다.

특히 나무가 있는 구역에서 샷을 하다가는 골프볼이 나무에 맞고 사람들 쪽으로 튕겨 나가 사고가 날 수도 있습니다. 이때 언플레이어블 볼을 택하는 것은 안전과 에티켓을 고려한 매너 있는 행동이 됩니다.

물론 동반자들의 배려에 의해 골프볼을 조금 옮겨두고 칠 수도 있습니다만, 적어도 언플레이어블 볼 옵션이 있다는 것은 인지하고 있어야 합니다. 골프 규칙상 언플레이어블 볼은 페널티 구역을 제외하고 코스의 어디에서나 선언할 수 있으며, 앞서 말한 벙커 샷에서의 두 번째와 세 번째 옵션 역시 이러한 언플레이어블 볼 상황에 대한 구제를 받는 경우라고 볼 수 있습니다.

9. 구제는 완전하게 받아야 한다

앞에서 구제라는 용어를 자주 사용했는데, 이는 볼이 놓인 상황이 정상적이지 않은 경우에 공통적으로 등장하는 말입니다. 구제를 받을 때는 '완전한 구제'를 받는 것이 중요합니다. 골프 규칙에는 '가장 가까운 완전한 구제 지점 Nearest Point of Complete Relief'이라는 표현이 많이 등장합니다. 볼의 위치뿐만 아니라 스탠스와 스윙까지도 모두 다른 비정상적인 상황에 의해서 방해를 받아서는 안 된다는 것입니다.

예를 들어, 다음 페이지의 그림에서 같이 비정상적인 코스 상태에서 혹은 잘못된 그린에서 구제를 받아야 하는 경우, 스탠스를 취하는 위치까지도 모두 해당 영역을 벗어나 있어야 한다는 것입니다.

국내에는 2개의 그린을 번갈아가면서 사용하는 골프장들이 있습니다. 그래서 소위 '남의 집'이라고 부르는, 사용하지 않는 그린으로 볼이 올라가는 경우가 많습니다. 이 경우에 그린을 벗어나서 드롭을 해야 하는데, 이때에도 완전한 구제를 받는 것이 중요합니다. 즉 스탠스까지도 잘못된 그린 위에 위치하지 않도록 해야 합니다. 잘못된 그린이 방해가 되지 않는, 완전한 구제를 받아야 한다는 겁니다. 잘못된 그린에 올라가게 되면 어느 방향으로 구제를 받아야 하는지에 대해서 헷갈려하는 경우가 많은 데, 이런 경우에는 드롭을 하는 위치가 원래 볼 위치보다 가까워져서는 안 된다는 점 정도만 기억하고, 가급적 원래의 위치에 가까운 곳에서 드롭하는 것이 좋습니다.

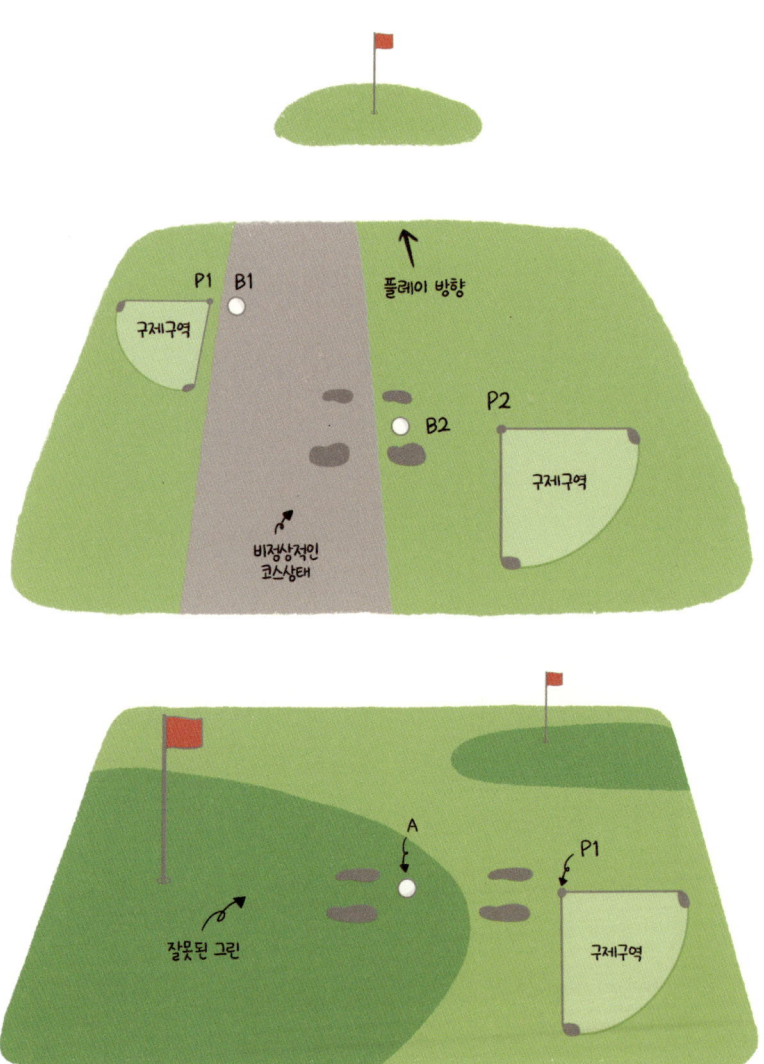

골프 장비의 역사

골퍼들 중에 장비에 관심을 갖지 않는 사람이 있을까요? 새로운 장비가 나오면 스펙Specification과 가격 등을 연구하고 공부하는 사람들이 많습니다. 그 정도까지는 아니어도 골프를 치는 사람이라면 장비에 대한 관심은 어느 정도 가지고 있을 겁니다. 이 골프 장비에도 골프의 역사만큼이나 긴 역사가 있습니다.

골프 게임을 더 즐기기 위해서, 공을 더 정확하고 더 멀리 치기 위해서는 장비 역시 발전할 수 밖에 없습니다. '나무 재질'의 헤드를 시작으로 '아이언' 클럽의 등장까지, 골프 장비 중 특히 클럽은 지속적으로 발전해왔고, 골프볼 역시 비약적인 발전을 이뤄왔습니다. 초기 장비는 대부분 나무로 만들어졌습니다. 그래서 클럽 자체의 내구성이나 반발력에서 한계를 가질 수밖에 없었죠. 그러다가 철을 이용한 클럽 헤드가 제작되기 시작합니다.

그린을 공략하기 위해 주로 쓰고 있는 아이언Irons은 말 그대로 철로 만든 골프 클럽입니다. 이 클럽 헤드는 1700년대 중반부터 사용되었다고 전해집니다. 하지만 당시 사용되었던 페더리Featherie 골프볼의 내구성이 약했습니다. 따라서 클럽 헤드나 샤프트에 강한 소재를 쓰기 어려웠습니다. 그러다 구타 페르카Gutta Percha라고 불리는 천연고무 소재의 골프볼이 등장하면서 아이언 역시 더 광범위하게 사용되며 발전하게 되었습니다. 골프볼 소재가 변하면서 클럽 헤드도 변하게 된 것이죠.

1800년대 중반에는 철을 다루는 기술이 발전하면서, 더욱 일관성 있고 가벼운 아이언 클럽들이 생산되기 시작했고, 아이언 클럽의 대중화 역시 빠르게 진행되었습니다. 이 아이언의 발전 과정에서 '그루브'의 역할은 주목할 만합니다. 그루브의 등장은 '스핀량'과 관련이 있습니다. 1900년대 초, 스핀량을 증가시키면 비거리가 늘어나고 방향성이 향상된다는 것을 발견한 이후 아이언에 그루브가 새겨지기 시작했고, 적절한 스핀량의 중요성이 대두되었습니다. 아이언의 한 종류라고 할 수 있는 '웨지' 역시 진화의 과정을 거쳤는데, 우리가 알고 있는 웨지, 특히 바운스가 있는 클럽은 골프의 전설 중 한 명으로 칭송받는 진 사라센Gene Sarazen에 의해 발명되었습니다. 필요는 발명의 어머니라는 말이 있습니다. 진 사라센은 당시 사용되던 '샌드 아이언'으로 벙커샷을 할 때마다 어려움을 겪었다고 합니다. 우연히 항공기 조종사이자 스크래치 골퍼였던 하워드 휴즈와의 대화에서 힌트를 얻어 클럽의 뒤쪽에 납을 용접시켜 우리가 지금 알고 있는 바운스를 만들어냈고, 이는 곧 웨지, 특히 샌드 웨지의 디자인으로 자리 잡게 되었습니다.

우리에게 친숙한 형태의 퍼터는 1960년대 이후에 개발되었습니다. 클럽 헤드의 토우와 힐 쪽에 무게를 배분하고, 샤프트와 클럽 헤드가 닿는 위치를 바꿔주면서 퍼터의 직진성을 혁신적으로 향상했습니다. 이러한 퍼터를 개발한 사람이 바로 카르스텐 솔하임인데, '핑PING' 브랜드의 창업자이기도 합니다. 그때 만들어진 퍼터가 '앤서Anser'였는데, 우리가 쓰고 있는 퍼터의 클래식 디자인이라고 받아들여지고 있습니다. 참고로, 'Anser'라는 모델명은 퍼터의 '답'을 찾았다는 의지를 담아 'Answer'에서 이름을 따왔다는 이야기도 전해집니다. 퍼터는 점점 형태와 소재가 다양해지고 있습니다. 퍼터의 직진성과 관용성을 향상시키는 디자인의 변화도 눈에 띕니다. 전통적인 블레이드 타입은 물론, 우주선을 연상시키는 듯한 말렛형 퍼터도 널리 사용되고 있는 것이죠.

비거리라는 관점에서 클럽 역사에서 가장 혁신적인 변화는 아마도 메탈 우드의 등장일 것입니다. 우드라는 말에서 알 수 있듯이, 초기 클럽의 소재, 특히 드라이버의 소재는 당연히 나무로 제작되었습니다. 하지만 1979년 테일러메이드가 처음으로 금속 소재의 드라이버와 페어웨이 우드를 출시하면서 골프 클럽 역사에 하나의 이정표를 세웠습니다. 이러한 메탈 우드 클럽의 발전은 1990년대 초반 캘러웨이가 '빅 버사'라는 대형 헤드를 출시한 이후 1990년대 중반 티타늄을 사용한 드라이버를 만들어내면서 기술과 소재의 표준이 되며 혁신을 가져다주었습니다.

드라이버 소재의 변화는 클럽 헤드 디자인을 할 때 무게의 '배치' 개념에 영향을 끼칩니다. 클럽을 만드는 소재를 경량화시키게 되면, 클럽 헤드 자체의 무게가 가벼워지게 되고, 여분의 무게를 클럽의 다양한 부분에 배치시킬 수 있습니다. 무게 중심을 변경하는 등의 노력을 통해, 스핀량과 탄도를 다양하게 변화시킬 수 있는 것입니다. 스핀량을 떨어뜨려서 비거리를 늘리는 데 효과를 볼 수도 있죠. 무엇보다 무게 배분이 가능해지게 되면 관용성에도 큰 이득을 보게 됩니다.

이러한 메탈 우드의 등장은, USGA와 R&A가 예민해질 정도로 큰 변화를 만들어냈습니다. 결국 1990년대 후반 두 기관이 골프 클럽의 '스프링 효과'를 제한하는 규제를 만들었고, 급기야는 투어에서 클럽의 길이를 46인치로 제한한다고 공표하기에 이르렀습니다. 스프링 효과를 제어하는 데 한계가 있다고 판단하고, 클럽 스피드에 도움을 줄 수 있는 긴 클럽의 사용을 제한하기 시작한 것이죠.

우드와 아이언 이외에는 존재하지 않을 것 같은 클럽 디자인이 2000년대 초반 하이브리드 클럽의 등장으로 파격적인 국면에 들어섭니다. 우드와 아이언의 퓨전이라고 볼 수 있는 이 클럽은 롱아이언을 어려워하던 골퍼들에게는 훌륭한 대안이 되면서 골프를 좀 더 편하게 칠 수 있는 기반을 만들어주었습니다. 이로 인해 3번과 4번 같은 아이언이 필요 없게 되었으며, 비교적 스윙 스피드가 빠르지 않은 골퍼들 그리고 여성 골퍼들에게도 더 긴 비거리를 낼 수 있는 좋은 옵션을 제공해주게 되었습니다.

하이브리드 클럽의 장점은 '치기 쉽다'는 것입니다. 골프볼을 띄우기 쉽고 골프 코스의 어느 지역에서도 사용이 용이합니다. 예를 들어, 러프rough에서 치더라도 어느 정도의 스핀량과 탄도를 확보하고 비거리의 손해를 줄일 수 있습니다. 적절한 하이브리드 클럽의 사용은 게임을 더 쉽게 만들어줍니다.

2009년 PGA 챔피언십에서 우승한 양용은 선수는 당시 과감하게 롱아이언을 버리고 2개의 하이브리드를 사용했으며 아이언은 5번까지만 사용했습니다. 당시 프로 선수라면 롱아이언을 사용하는 것이 일반적이었던 터라 조금은 파격적인 클럽 구성이었습니다. 양용은 선수의 하이브리드 클럽은 타이거 우즈에게 뼈아픈 패배를 안겨준 비장의 무기이기도 했죠.

골프 클럽의 역사, 특히 최근의 역사를 보면 결국 골프를 더 쉽게 만들려는 제조사, 그리고 이를 제지하려는 규제와의 싸움이 더 치열

해지는 걸 볼 수 있습니다. 460cc라는 클럽 헤드의 부피는 변하지 않을 것이며, 티타늄보다 더 좋은 소재가 개발된다고 하더라도 USGA와 R&A의 반발력 테스트는 더욱 엄격해질 것입니다. 매년 발행되고 있는 USGA의 〈비거리 분석 보고서 Distance Insight Report〉 역시, 골프의 비거리가 지나치게 빨리 늘어나고 있다고 주장하고 있는 상황입니다. 골프 장비에 대한 새로운 규제는 앞으로도 계속 생겨날 것으로 예상하고 있습니다.

골프 장비에서 비교적 간과되는 장비가 있는데 바로 골프볼입니다. 골프 초창기에 주로 쓰이던 페더리라는 골프볼은 내구성 측면에서 큰 단점이 있었고, 골프볼 하나를 제작하는 과정도 어려워서 가격이 대단히 비쌌다고 알려져 있습니다. 이 때문에 골프의 대중화에 어려움이 있었죠. 하지만 구타 페르카라고 하는 천연고무 소재의 골프볼이 등장하면서 대중화가 시작되었습니다.

재미있는 것은 브리티시 오픈(디 오픈)의 초창기 우승자들 중에 페더리 골프볼을 만드는 장인들이 많았다는 것입니다. 구타 페르카 볼이 보급되면서 일자리를 잃은 장인들이 생계를 위해 골프를 치기 시작했던 것이죠. 골프볼 하나의 발전이 골프를 둘러싼 생태계를 변화시키는 결과를 만들어낸 것입니다.

골프볼의 소재와 구조는 지속적인 발전을 이루었고, 코어에 실을 감은 와운드 볼을 거쳐, 1990년대 후반 획기적인 전환점을 맞이하게 됩니다. 우레탄 골프볼이 등장한 것이죠. 기존 골프볼이 가졌던 장단점을 획기적으로 개선시킨 솔리드 코어-우레탄 커버의 조합을 만들어냄으로써, 비거리와 그린 주변에서의 숏게임이라는 2마리 토끼를 잡았습니다. 또한 우레탄의 단점을 보완한 3피스 이상의 골프볼들이 널리 사용되기 시작했습니다. 클럽의 드라마틱한 변화 못지않게 골프볼 역시 골프의 역사 그리고 장비의 발전에서 간과될 수 없는 요소임에는 분명합니다.

비즈니스 골프 에티켓

03

🏌️ 기본적인 골프 에티켓

골프는 자기 자신 그리고 코스와 싸우는 스포츠라고 하지만, 기본적으로 동반자 혹은 상대방과 함께 플레이하는 스포츠입니다. 이러한 이유로, 에티켓은 상대방의 플레이에도 많은 영향을 미칠 수밖에 없습니다. 그런데 과연 올바른 골프 에티켓이란 무엇을 말하는 걸까요? 이러한 논의의 출발점이 바로 '골프 규칙'입니다. 『골프 규칙』책자를 살펴보면 가장 첫 번째 등장하는 것이 바로 '규칙 1 - 골프, 플레이어의 행동 그리고 규칙'입니다. 이 규칙에는 플레이어의 행동 기준이 명시돼 있는데, 이것이 골퍼가 지녀야 할 에티켓에 해당합니다. 이 기준은 크게 3가지로 요약됩니다.

- 성실하게 행동해야 하고
- 타인을 배려해야 하며
- 코스를 보호해야 한다

1. 성실하게 행동하기

성실한 행동이란 곧 규칙을 준수하는 것을 말합니다. 특히 페널티를 적용할 때는 정직하게 플레이해야 합니다. 앞서 언급한 대로, 골프는 심판이 없는 스포츠이기 때문에, 자신에게는 '관대한' 판단을 내릴 수 있는 유혹이 늘 도사리고 있습니다. 양심에 따라 규칙을 따르는 플레이는 에티켓의 가장 기본이라고 할 수 있습니다.

2. 타인을 배려하기

골프는 캐디를 포함해서 5명의 골퍼가 5시간 이상 한 장소에서 플레이하는 경기입니다. 골퍼들이 가장 신경 써야 하는 부분이 타인에 대한 배려인데 앞서 말한 성실한 행동 역시 타인, 즉 동반자를 배려하는 행동의 하나이죠. 타인에 대한 배려를 가장 강조하는 규칙은 바로 경기 속도Pace of Play입니다. 그 이외에 타인의 안전 그리고 상대방에게 방해가 되지 않는 플레이를 할 것을 권장합니다.

3. 코스 보호

코스 보호는 다음 한 문장으로 요약할 수 있습니다.

"샷을 하기 이전과 이후의 코스 상태가 같아야 한다."

골프 코스 관리의 주체는 골프장이지만 골퍼도 코스를 보호하기 위해 주의해야 합니다. 플레이를 하다가 코스에 손상을 일으키게 되면 자신은 물론 동반자나 뒤에 따라오는 다른 조의 플레이에 영향을 줄 수 있습니다. 코스 손상을 방지하려는 노력은 모든 플레이어들이 동일한 조건에서 플레이할 수 있도록 배려하는 행동이기도 합니다.

골프 에티켓이 어렵다고 생각하는 이유는 하나입니다. 바로 이론과 실제가 다르기 때문입니다. 이론적으로는 에티켓을 잘 안다고 하더라도 실제로 노력해야 하고 습관화해야 합니다.

이번에는 비즈니스 골프에서 특히 신경 써야 할 중요한 에티켓에 대해 자세히 알아보도록 하겠습니다. 골프 에티켓과 비즈니스 에티켓은 몇 가지 면에서 유사성을 가지고 있습니다.

1. 시간을 엄수할 것
2. 상대방을 존중하고 적절한 언어를 사용할 것

3. 상황에 맞는 옷을 입을 것

4. 서로의 감정을 존중할 것

5. 함께하는 공간을 책임감 있게 관리할 것

   여기에서 상대방을 골프 동반자로 바꾸고, 공간을 골프장으로 바꾸면 골프에서 지켜야 할 에티켓이 됩니다. 이러한 에티켓은 대외적인 인간관계뿐만 아니라 같은 조직 그리고 같은 공간에 있는 동료들 사이에서도 지켜져야 합니다.

   사실 비즈니스 골프에만 적용되는 에티켓이 따로 있지는 않습니다. 골프라는 스포츠 자체가 에티켓을 중요시하기 때문입니다. 앞서 언급한 플레이어의 행동 기준은 동반자와 코스에 대한 배려를 어떻게 해야 하는지에 대한 일종의 가이드라인입니다. 비즈니스 골프 에티켓은 결국 '배려'라는 단어로 귀결되는데 평소에 이를 인지하고 체득하는 것이 필요합니다. 지금부터 비즈니스 골프 실전에 적용할 수 있는 에티켓 팁을, 라운드 시작 전, 라운드 도중, 라운드 이후로 나누어 설명하겠습니다.

🌐 비즈니스 골프 에티켓 – 라운드 시작 전

'라운드 시작 전'은 준비에서부터 골프장에 도착하는 시간까지를 의미합니다. 사전 준비가 확실할수록 비즈니스 골프 효과가 더욱 커질 수 있습니다.

사전 준비물 체크하기

몇 년 전 일입니다. 라운드 약속을 잡고 골프장을 가고 있는데, 거실에 있는 퍼팅 매트에 퍼터를 두고 왔다는 게 떠올랐습니다. 차를 돌릴 수도 없는 상황이라서 결국 몇만 원을 주고 퍼터를 대여해서 사용했는데 역시나 스코어는 엉망이 되어 버렸습니다. 골프장을 가는 것은 여행과도 같습니다. 여행 가기 전에 준비 목록을 작성하여 물건을 챙기듯이 골프장을 갈 때도 준비 목록을 만들면 좋습니다.

1. 클럽 14개
2. 충분한 골프볼
3. 볼 마커, 디봇 툴, 티
4. 기상 변화에 대비한 의류(비옷, 바람막이 등)

연습장에서 연습 후 골프백을 두고 오거나, 연습을 위해 빼둔 클럽을 두고 오는 경우도 종종 있습니다. 이러한 실수는 라운드 자체를 망치는 원인이 될 수 있으니, 한 번 더 꼼꼼하게 준비 목록을 살펴볼 필요가 있습니다. 특히 라운드가 잦은 골퍼의 경우, 동반자와 클럽이 바뀌는 경우도 발생하니, 서로 곤란해지지 않도록 미리 자신의 클럽을 확인해보는 것도 중요합니다.

티오프 시간 확인

일반적으로 티오프Tee-Off 시간은 골프장 예약 시간을 의미하는데, 골프 용어 중 가장 잘못 알려진 단어 중 하나입니다. 골프장 부킹을 하게 되면 티오프 시간에 대한 안내 문자를 받게 됩니다. 예를 들어 9시 22분으로 안내 문자를 받았다고 가정하면, 이는 9시 22분에 카트를 타고 1번 홀로 이동한다는 것이 아니라, 9시 22분에 티샷을 한다는 뜻입니다. (티샷을 모두 마친 시간으로 정의하는 경우도 있습니다만, 일반적으로는 라운드 '시작'을 의미합니다.) 한편 '티 업'이라고 불리기도 하는데 이는 맞는 표현이 아닙니다.

티오프 시간은 실제 티샷을 하는 시간이므로 적어도 10분 전에는 티잉 구역으로 이동해야 합니다. 참고로 티오프 시간을 동반자에게 알릴 때에는 반드시 예약 문자 전체를 보내도록 하고, 혹시라도 골프장이나 시간을 혼동하는 일이 없도록 해야 합니다.

이동 및 날씨 정보 확인

골프장은 일반적으로 도심에서 어느 정도 떨어진 곳에 위치하고 있으며, 이동에 1시간 이상 소요되는 경우가 대부분입니다. 따라서 제시간에 도착하는 것이 대단히 중요합니다. 비즈니스 골프에서 시간 순수는 기본 중의 기본입니다. 최근에 내비게이션 앱은 출발 시간을 지정할 경우, 예상 소요 시간을 알려주는 기능이 있으니, 이러한 기능을 활용하는 것도 좋습니다. 또한 골프는 날씨의 영향을 많이 받는 스포츠입니다. 동반자에게 라운드 당일의 날씨를 공유하고, 이에 따른 준비를 안내하는 것도 좋은 비즈니스 에티켓입니다.

동반자 및 골프장 정보 공유

비즈니스 골프에서는 새로운 사람과 처음 만나 라운드를 하게 되는 일이 종종 있습니다. 이때 새로운 동반자에 대한 정보를 미리 파악하고, 다른 동반자에게 내용을 공유하는 것도 도움이 됩니다. 대부분 라운드 당일에는 티오프 시간에 쫓겨 제대로 된 인사를 나누지 못할 수 있으므로, 사전에 동반자들의 정보를 공유하는 것은 하나의 에티켓이라고 볼 수 있습니다. 특히 이 정보에는 골프와 관련된 개인 성향이나 대략의 실력 등이 포함되면 좋습니다.

비즈니스 골프 에티켓 - 라운드 도중

마케팅 용어 중에 진실의 순간 Moment of Truth 이라는 말이 있습니다. 제품이나 서비스에 대해 고객이 어떤 인상을 받게 되는 순간이 있는데, 이 순간에 어떤 이미지를 주느냐에 따라 비즈니스의 성패가 좌우된다는 것입니다. 앞서 비즈니스 골프가 가진 특이점에 대해 설명했는데, 결국 비즈니스 골프가 성공하려면, 라운드 도중 동반자에게 지속적으로 의미 있는 '진실의 순간'을 제공해주어야 합니다. 그런 관점에서 라운드를 '즐기면서도' 매너 있는 행동을 습관화해야 할 필요가 있습니다.

동반자 파악하기

다른 플레이어에 대한 배려는 바로 상대방 경기를 존중하는 것입니다. 상대방의 플레이에 방해가 되지 않도록 하는 것, 상대방이 골프를 즐길 수 있도록 배려하는 것, 그것이 바로 비즈니스 골프의 시작입니다. 비즈니스 골프의 경우, 특히 골프를 함께 치는 동반자의 실력이나 성향을 잘 모를 수 있습니다. 그런 차원에서 다른 플레이어에 대해서는 좀 더 조심스럽게 접근할 필요가 있습니다. 최대한 빨리 상대방의 성향을 파악하고, 이에 맞게 행동하는 것이 필요합니다.

상대방이 규칙과 스코어링에 대해 어떤 생각을 가지고 있는지는 가장 먼저 파악해야 할 부분입니다. 상대방을 배려하는 차원에서 허용하는 멀리건과 오케이 등을 불편해하는 동반자가 있다면, 이러한 배려를 지나치게 '강요'하는 것은 바람직하지 않겠죠. 동반자 파악이라는 측면에서, 동반자가 음주 등에 대해 어떻게 받아들이는지도 살펴볼 필요가 있습니다. 비즈니스 골프는 '자신'이 아닌 '동반자'에 대한 기호와 취향이 우선시되는 경우가 많습니다. 그래서 음주는 지나치게 강요하지 않도록 해야 합니다. 이렇게 동반자 파악이 끝나고 나면, 적절한 경기 속도를 가지고 플레이하는 것이 중요합니다.

경기 속도

"고객님, 저희 조가 전반적으로 좀 느린 것 같아요. 그린에 올라가기 전까지는 조금 더 서둘러 주시겠어요?"

"뒤에 따라 오는 조도 없는데 왜 이리 다그치세요?"

이런 대화 가끔 나누지 않으셨나요? 골프 에티켓에서 경기 속도는 대단히 중요합니다. 많은 분들이 뒷조가 따라오지 않으면 경기 속도에 문제가 없다고 생각하지만, 본인 생각보다 약간 빠르게, 앞조를 따라간다고 생각하고 속도를 맞추는 게 좋습니다. 선행하는 조와 항상 적절한 거리를 유지하면서, 시야에서 사라지지 않을 정도의 수준으로 경기를 진행하는 것이죠. 즉, 경기 속도의 기준은 뒷조와의 간격이 아니라 앞조와의 간격입니다.

2019년 골프 규칙이 개정되면서 크게 바뀐 기조 중의 하나가 바로 빠른 경기 진행이었습니다. 내 돈 내고 여유 있게 치려고 왔는데, 왜 시간에 쫓겨야 하느냐고 생각할 수도 있습니다. 하지만 나의 경기 속도가 느려지면 다음 조뿐 아니라 함께하는 동반자에게도 영향을 끼칩니다. 한 조사에 의하면, 함께 하기 싫은 동반자 유형으로 '느린 골퍼'가 1위를 차지했다고 합니다. 그만큼 경기 속도는 골프 게임에서 중요한 요소입니다.

또한 경기 규칙을 이용해서 경기 진행의 지연을 막을 수도 있는데,

대표적인 것이 프로비저널 볼입니다. 로스트 볼이나 OB가 의심되는 상황에서 프로비저널 볼을 선언하면 볼을 찾으러 갔다가 되돌아와서 플레이하는 시간을 아끼게 되니 에티켓이 될 수 있는 것이죠. 비즈니스 골퍼라면 자신의 경기 속도에 대한 객관적인 평가를 내리는 것도 중요합니다. 바로 다음에 설명할 프리샷 루틴에 관한 이야기입니다.

프리샷 루틴

경기 속도가 정말 느린 동반자와 함께 골프를 쳐본 경험이 있지 않으신가요? 아마 지금 여러분의 머릿속에 떠오르는 사람이 한두 명 있을지 모르겠습니다. 그런데 누군가의 머릿속에는 바로 여러분이 떠올려질 수도 있습니다. 여러분이 '느린 골퍼'일 수도 있는 것이죠. 그래서 골퍼는 자신의 플레이에 대해 객관적으로 평가할 줄 알아야 합니다. 혹시라도 조금 긴 루틴을 가지고 있다면 꼭 바꾸려는 시도를 하는 게 좋습니다. 대부분의 골퍼들은 자신의 프리샷 루틴 시간이 어느 정도인지 인지하지 못하는 경우가 대부분입니다. 그래서 가까운 지인과 라운드를 나갈 때 플레이하는 모습을 핸드폰으로 촬영하거나, 동반자에게 냉정한 평가를 해달라고 요청해보세요.

일반적으로 클럽의 선택에서부터 프리샷 루틴, 그리고 실제 샷을 하는 시간을 20초 정도로 잡는 것이 좋다고 합니다. 이렇게 샷을 하기 위해서는 실제 프리샷 루틴의 시간을 10~12초 안에 끝내고 바로 샷을 진행해야 합니다. 이 프리샷 루틴과 관련된 적절한 영어 표현이 있습니다. 바로 'Ready Golf'입니다.

레디 골프

레디 골프Ready Golf란 언제나 샷을 할 준비가 되어 있도록 노력해야 한다는 의미입니다. 지나치게 느린 경기 속도와 동반자를 기다리게 만드는 준비 과정은 상대방의 골프 리듬을 깰 가능성이 높고, 결국 샷 결과에 악영향을 미치게 됩니다. 그래서 자신의 볼이 떨어진 지점을 적극적으로 파악한 후, 남은 거리에 따라 2~3개의 클럽을 미리 준비해서 볼이 있는 위치까지 이동하는 것이 중요합니다. 티잉 구역에서 티를 먼저 준비하거나, 여분의 골프볼을 주머니에 항상 1~2개 더 가지고 다니는 것도 도움이 될 수 있습니다. 이러한 레디 골프가 가장 필요한 공간은 바로 퍼팅 그린입니다.

퍼팅 그린에서의 플레이

라운드의 결과가 최종적으로 수치화되는 장소, 바로 퍼팅 그린입니다. 그리고 무엇보다 티샷 이후 동반자와 캐디들이 다시 모이게 되는 곳이기도 합니다. 퍼팅 그린은 올바른 에티켓과 매너를 가진 골퍼가 가장 돋보일 수 있는 공간이지만 반대로 잘못된 인상을 줄 수 있는 공간이기도 합니다. 올바른 에티켓을 지닌 골퍼는 다음과 같이 행동합니다.

대표적인 것이 프로비저널 볼입니다. 로스트 볼이나 OB가 의심되는 상황에서 프로비저널 볼을 선언하면 볼을 찾으러 갔다가 되돌아와서 플레이하는 시간을 아끼게 되니 에티켓이 될 수 있는 것이죠. 비즈니스 골퍼라면 자신의 경기 속도에 대한 객관적인 평가를 내리는 것도 중요합니다. 바로 다음에 설명할 프리샷 루틴에 관한 이야기입니다.

프리샷 루틴

경기 속도가 정말 느린 동반자와 함께 골프를 쳐본 경험이 있지 않으신가요? 아마 지금 여러분의 머릿속에 떠오르는 사람이 한두 명 있을지 모르겠습니다. 그런데 누군가의 머릿속에는 바로 여러분이 떠올려질 수도 있습니다. 여러분이 '느린 골퍼'일 수도 있는 것이죠. 그래서 골퍼는 자신의 플레이에 대해 객관적으로 평가할 줄 알아야 합니다. 혹시라도 조금 긴 루틴을 가지고 있다면 꼭 바꾸려는 시도를 하는 게 좋습니다. 대부분의 골퍼들은 자신의 프리샷 루틴 시간이 어느 정도인지 인지하지 못하는 경우가 대부분입니다. 그래서 가까운 지인과 라운드를 나갈 때 플레이하는 모습을 핸드폰으로 촬영하거나, 동반자에게 냉정한 평가를 해달라고 요청해보세요.

일반적으로 클럽의 선택에서부터 프리샷 루틴, 그리고 실제 샷을 하는 시간을 20초 정도로 잡는 것이 좋다고 합니다. 이렇게 샷을 하기 위해서는 실제 프리샷 루틴의 시간을 10~12초 안에 끝내고 바로 샷을 진행해야 합니다. 이 프리샷 루틴과 관련된 적절한 영어 표현이 있습니다. 바로 'Ready Golf'입니다.

레디 골프

레디 골프Ready Golf란 언제나 샷을 할 준비가 되어 있도록 노력해야 한다는 의미입니다. 지나치게 느린 경기 속도와 동반자를 기다리게 만드는 준비 과정은 상대방의 골프 리듬을 깰 가능성이 높고, 결국 샷 결과에 악영향을 미치게 됩니다. 그래서 자신의 볼이 떨어진 지점을 적극적으로 파악한 후, 남은 거리에 따라 2~3개의 클럽을 미리 준비해서 볼이 있는 위치까지 이동하는 것이 중요합니다. 티잉 구역에서 티를 먼저 준비하거나, 여분의 골프볼을 주머니에 항상 1~2개 더 가지고 다니는 것도 도움이 될 수 있습니다. 이러한 레디 골프가 가장 필요한 공간은 바로 퍼팅 그린입니다.

퍼팅 그린에서의 플레이

라운드의 결과가 최종적으로 수치화되는 장소, 바로 퍼팅 그린입니다. 그리고 무엇보다 티샷 이후 동반자와 캐디들이 다시 모이게 되는 곳이기도 합니다. 퍼팅 그린은 올바른 에티켓과 매너를 가진 골퍼가 가장 돋보일 수 있는 공간이지만 반대로 잘못된 인상을 줄 수 있는 공간이기도 합니다. 올바른 에티켓을 지닌 골퍼는 다음과 같이 행동합니다.

1. 자신의 볼 확인
2. 볼마커를 놓고 볼 집어 올리기(이 볼을 직접 닦을 수도 있고, 캐디에게 부탁할 수도 있습니다)
3. 그린의 브레이크와 거리 확인하기
4. 볼을 내려 놓고, 조준을 완료한 이후 볼마커 집어 올리기
5. 퍼트하기

　루틴을 이렇게 상세하게 설명한 이유가 있습니다. 대부분의 골퍼들은 이 중 1번과 5번만 하기 때문입니다. 자신의 볼을 확인하고, 퍼트하기까지 모든 과정을 대부분 캐디에게 맡기죠. 퍼팅 그린에서의 이러한 소극적인 플레이는 2가지 문제를 발생시킵니다.

　첫 번째는 1명의 캐디가 4명의 플레이어를 케어해야 하는 상황이라면 경기 속도가 현저하게 떨어집니다. 두 번째는 경기의 재미가 떨어집니다. 개인적으로는 두 번째가 더 큰 이슈가 된다고 생각하는데, 결론적으로는 이 2가지 문제가 조합되어 골프의 질적 저하를 가져옵니다. 퍼팅 그린에서 제대로 플레이하지 못하고 시간에 쫓겨 대충 마무리하게 되는 것이죠.

　퍼팅 그린에서 브레이크를 읽고, 이에 따라 볼을 내려 놓고 스트로크를 하고, 마지막으로 이 결과를 보는 것은 골프의 가장 재미있는 과정 중 하나입니다. 그런데 많은 골퍼들이 이러한 재미를 포기하고 캐디에게 양보하고 있는 것은 아닌지 자문해볼 필요가 있습니다.

마지막으로, 에티켓이라는 측면에서 골퍼들이 디봇 툴 혹은 그린 보수기라고 불리는 제품을 하나 정도는 가지고 다녀야 한다고 생각합니다. 연습 스윙을 하다가 잔디가 패일 수도 있고, 특히 아이언 샷 후에 디봇이 만들어지기 쉬운데 반드시 잔디를 본래 자리에 덮어서 흔적을 남기지 않아야 합니다. 벙커샷을 한 후에도 발자국이나 패인 곳을 정리해야 하고요.

디봇 툴은 그린을 보수하기 위한 목적으로 사용할 수도 있지만, 클럽을 바닥에 내려 놓는 상황에서 그립이 젖지 않도록 받침대 역할을 할 수도 있습니다. 디봇 툴은 골퍼의 품위를 느끼게 해줄 뿐 아니라 코스 보호를 몸소 실천할 수 있는 시작이 되기도 합니다.

디봇 툴을 활용하면 그립이 젖지 않도록 유지할 수 있습니다. (출처: 김태훈)

코스 보호

코스를 배려하는 골퍼는 "샷을 하기 전과 샷을 한 이후의 코스 상태가 같아야 한다"는 말을 늘 염두에 둡니다. 페어웨이에 생긴 디봇을 메꾸거나, 그린 위의 피치 마크를 수리하는 것, 벙커샷을 한 이후에 정리를 하는 것 등 플레이 이전의 상태를 유지하려는 노력을 해야 합니다. 가장 쉽게 코스를 보호할 수 있는 방법은 벙커 정리입니다. 부디(!) 벙커 정리는 직접 하시길 권합니다. 앞서 말한 것처럼 코스 보호는 골프장의 상태를 자신이 플레이하기 이전의 상황으로 유지하는 것을 말합니다. 벙커에 빠진 볼이 다른 사람의 발자국 안에 떨어진 경험이 한 번쯤 있으실 겁니다. 이렇게 코스 보호를 하지 않게 되면, 결국 그로 인한 피해는 나 자신 혹은 동반자에게 돌아가게 됩니다. 벙커 정리를 하지 않는 행동은 뒤에 따라오는 조에게 심각한 불이익을 줄 수도 있습니다.

캐디를 대하는 태도

개인적으로 비즈니스 골프 에티켓에서 대단히 중요한 요소라고 생각하는 부분입니다. 캐디에게 존중받고 싶다면, 플레이어도 캐디를 존중해야 합니다. 함부로 반말을 하거나 논란이 될 만한 행동을 하는 것은 절대로 바람직하지 않으며, 그러한 행동은 동반자에게도 불쾌감을 줄 수 있습니다. 특히 타인을 대하는 방식을 민감하게 받아들이는 동반자가 있을 수 있으므로 캐디와 골퍼가 서로 존중해주는 모습을 보여주어야 합니다. 특히 호칭에 있어서는 "○○씨"라고 부르거나 "캐디님" 정도의 호칭을 하는 것이 무난합니다.

캐디를 대하는 동반자의 모습을 보고 그 사람에 대해 알게 된다는 이야기를 많이 듣습니다. 캐디는 분명 라운드를 위해 도움을 주는 조력자이며, 기업으로 말하면 협력업체라고 볼 수도 있습니다. 일시적으로 고용-피고용 관계가 된 것일 뿐이므로 말과 행동을 함부로 해도 된다고 착각해선 안 됩니다.

안전한 라운드를 위한 노력

2007년, 중국의 한 골프장에서 라운드를 할 때였습니다. 동반자가 티샷을 했는데, 그 볼이 거의 정면에 있던 캐디를 맞추는 사고가 일어났습니다. 다행히 경미한 타박상을 입은 정도였지만, 그 볼이 머리나 눈으로 날아갔으면 어땠을까 하는 아찔한 상상을 하게 됩니다.

가끔 뉴스에서 골프장과 관련한 사건 사고, 특히 사망 사고까지 일어나는 경우를 봅니다. 타구에 의한 부상 사고뿐만 아니라 페널티 구역에 볼을 건지러 들어갔다가 익사 사고가 발생하기도 합니다.

국내 골프장에서는 하나의 카트에 4명의 골퍼가 타는 것이 일반적이지만, 주로 개인 카트로 페어웨이에 진입할 수 있는 외국 골프장에서는 카트 관련 사고가 많이 일어나기도 합니다. 미국 앨라배마 대학의 한 조사에 따르면 미국 내에서 1년에 일어나는 골프 카트 관련 사고가 1만 5000건이 넘는다고 합니다.

골프장 사고는 대개 미스샷으로 일어납니다. 미스샷은 전혀 예상치 못한 형태로 발생할 수 있습니다. 섕크 Shank가 나는 상황이 대표적이며, 티샷의 상황에서도 발생할 수 있는데, 이때 골프볼은 상황에 따라서 아주 위험한 무기가 될 수 있습니다. 이러한 위험을 줄이기 위해, 골퍼가 실천해야 할 몇 가지 행동이 있습니다.

1. **캐디의 역할 존중**: 캐디는 전반적인 경기 진행은 물론 골프장을 가장 잘 아는 전문가입니다. 골프장의 위험 요소들을 정확히 알고 있는 만큼, 캐디의 조언과 의견을 반드시 따르는 것이 좋습니다.
2. **'포어 Fore' 외치기** : 위험을 알릴 때 '뽈~~'이라고 외치는데요. 정확한 용어는 '포어'입니다. 본인 혹은 동반자가 미스샷을 했다면 다른 골퍼들이 보이지 않더라도 꼭 '포어'를 외치는 것이 좋습니다.
3. **방어 플레이** : 운전에 '방어 운전'이 있듯이 골프에도 방어 플레이라는 게 있습니다. 아무리 자신이 조심한다고 하더라도, 타인의 실수까지 컨트롤할 수는 없습니다. 스트로크를 하는 플레이어보다 반드시 뒤쪽에서 대기하고, 다른 사람의 플레이에도 관심을 기울이고 있어야 합니다.

이 밖에도 골프장에는 위험 요소들이 많습니다. 페널티 구역이나 카트 도로까지도 부상을 입을 수 있는 공간이라는 점을 인지하고 안전을 우선시한 라운드를 진행하는 것이 좋습니다.

올바른 용어 사용

마지막으로, 라운드 동안 올바른 골프 용어를 사용해야 합니다. 제가 늘 강조하는 부분입니다. 『골프 규칙』에는 '용어의 정의Definitions'가 정리되어 있습니다. 한국어 번역판에서는 약 70여 가지 용어를 24쪽에 걸쳐 자세히 설명하고 있습니다. 이 용어들을 제대로 이해하는 것이 규칙을 올바르게 적용하는 데 매우 중요한 전제가 된다고 말합니다. 골프 규칙이 적용될 특정한 상황에 대하여 골퍼들이 모두 같은 수준의 이해를 해야 한다는 것입니다.

'스트로크'라는 용어를 한번 살펴보겠습니다. 용어의 정의상 '스트로크'는 볼을 치기 위하여 그 볼을 보내고자 하는 방향으로 클럽을 움직이는 동작입니다. 그러므로 이 정의에 의하면, 볼을 치기 위하여 클럽을 움직인 것이 아니라, 연습 스윙을 하거나 스트로크를 하려고 준비하는 동안에 '우연히' 볼을 치게 된 것은 스트로크로 인정이 되지 않고, 이에 따른 벌타 역시 성립되지 않습니다. 이렇게 용어를 정확히 이해하는 것만으로 골프 규칙 적용을 좀 더 명확하게 할 수 있게 되는 것입니다.

사실 골퍼에게는 '골프 규칙에 등장하지 않는 용어들'도 중요합니다. 우리가 무심코 사용하는 대부분의 용어들은 전혀 다른 뜻을 가지고 있거나 잘못된 표현인 경우가 많습니다. 이는 비즈니스 골프를 하는 골퍼의 입장에서 보면, 다른 동반자에게 '잘 모른다'는 이미지를 줄 수 있기에 반드시 정확한 용어를 사용해야 합니다.

예를 들어 '멀리건Mulligan'은 골프 규칙에서 허용되지 않는 제도이기 때문에 별도로 정의가 내려져 있지는 않습니다. 하지만 이를 읽는 방식이 골퍼마다 다른 것 같습니다. '멀리건'이라고 읽는 것이 일반적인데, '몰간', '멀간' 등으로 발음하는 사람들도 있습니다. 사실 이 용어에 대한 올바른 발음이 따로 규정되어 있지 않기 때문에 맞다 틀리다의 문제는 아닙니다만, 올바른 용어를 사용하는 것 역시 에티켓의 연장선상에서 신경 써야 할 부분입니다. 대표적으로 잘못 사용하고 있는 용어와 올바른 표현은 다음과 같습니다.

잘못된 표현	올바른 표현
라이(퍼팅 그린)	브레이크 break
라운딩	라운드 Round
뽈(볼)	포어 Fore
오너 Owner	아너 Honor
사인 Sign	웨이브 Wave
티 업 Tee Up	티오프 Tee Off
몰간, 멀간	멀리건 Mulligan
해저드	페널티 구역

🏌 비즈니스 골프 에티켓 - 라운드 이후

라운드 마무리 - 모자와 장갑 벗기

라운드가 종료되면 18홀의 라운드를 함께한 동반자에 대한 예의로 서로에게 인사를 나누게 됩니다. 특히 이러한 과정에서 모자와 장갑을 벗는 것이 올바른 에티켓으로 알려져 있습니다. 사실 이러한 에티켓의 배경에는 골프 투어가 중계되기 시작한 것과도 연관이 있다는 견해가 있습니다. 골프 모자를 써야 하는 것이 '필수'는 아니었지만, 모자에 회사의 로고가 인쇄되기 시작하면서, 모자를 벗으면 한 번 더 스폰서를 노출할 수 있다는 것이죠. 그 이유가 무엇이건, 국내에서는 모자를 쓰는 것이 권장되고 있고, 정중하게 모자를 벗고 악수를 청하는 모습은 좋은 습관이라고 생각합니다.

캐디피 지급 봉투 사용

모자와 장갑을 벗고 악수를 하는 것은 동반자에 대한 예의였습니다. 이제 18홀 동안의 조력자인 캐디에 대한 에티켓을 알아보죠. 많은 골프
장에서 캐디피는 현장에서 지급하는데, 이럴 때 미리 준비하면 좋은 것이 캐디피 봉투입니다. 이 봉투는 골프장 카운터에 설치되어 있는데 없다면 직원에게 문의하면 받을 수 있습니다. 특히 여름철 땀에

젖은 지폐 등을 접어서 지불하는 경우도 있는데 별로 좋은 모습이 아닙니다. 캐디에 대한 말과 행동이 하나의 에티켓인 것처럼, 마지막까지 매너 있는 모습을 보이는 것이 비즈니스 골프 에티켓의 마무리가 아닐까 합니다.

클럽 정리

라운드를 마치고 나면, 자신의 클럽을 확인하고 '사인'을 남기는 절차가 있습니다. 대부분은 대충 사인하고 심지어 다른 사람의 사인까지 대신하기도 하는데요. 의외로 이 과정에서 골프 클럽이 자주 바뀝니다. 특히 같은 제조사의 같은 제품이 있을 경우, 샤프트가 다른 제품으로 바뀌어 있기도 합니다. 다른 사람의 클럽을 가지고 가는 상황이 발생할 수 있는 것이죠. 문제는 이렇게 바뀌거나 분실된 클럽을 확인하는 때가 바로 '다음 라운드'라는 것입니다. 돌이키기엔 너무 늦은 상황이 되어 버립니다. 클럽 확인 시간은 30초도 안 걸리므로 반드시 자신의 클럽을 직접 확인해야 합니다.

비용의 정산 및 라커룸 이용

비즈니스 골프는 대개 '접대' 요소가 있기 때문에, 접대를 하는 쪽에서 비용을 부담하는 경우가 많습니다. 만약 접대를 받는 쪽에서 자신의 비용을 직접 계산하는 것이 좋겠다고 판단했다면, 반드시 라운드 직후에 계산하는 것이 좋습니다. 일반적으로는 라커룸 및 샤워실 이용 후 로비로 나와서 정산을 하게 되는데, 이 경우에는 이미 결제가 끝난 상황일 가능성이 높기 때문입니다. 반대로 접대를 하는 입장이라면 최대한 먼저 로비로 나와서 정산을 끝내고 다음 일정을 위한 안내를 위해 동반자를 기다리는 것이 좋습니다.

후속 일정을 소화하기 위해서, 라커룸 이용 시간을 정하는 경우가 있습니다. 예를 들어, 라운드 종료시간으로부터 30분 후에 만나자고 하는 식이죠. 이때 골프장을 나가서 식사를 하기로 했다면 로비에서 만나는 것보다는 다음 장소에서 만나자고 하는 것이 좋을 수도 있습니다. 골퍼마다 라커룸에서 소비하는 시간이 다르기 때문에, 최대한 여유를 갖도록 충분한 시간을 주는 것이 좋습니다.

라커룸 이용에 있어, 한 가지 더 고려할 점은 여성 동반자가 있는 상황입니다. 여성 동반자에게는 좀 더 시간 여유를 주는 것이 좋습니다. 가장 좋은 것은 여성 동반자가 직접 라커룸 이용 시간을 정하도록 하는 것입니다. 시간을 자신의 기준으로 강요하지 말고, 상대방이 먼저 결정을 하도록 하는 것도 배려심 있는 행동입니다.

비즈니스 골프의 마무리

라운드 이후에 각자 귀가하는 일정이든, 함께 식사하는 일정이든 간에, 비즈니스 골프의 마무리는 동반자가 모두 무사히 귀가했는지 확인하는 것입니다. 특히 비즈니스 골프를 제공하는 입장, 즉 접대를 하는 입장에서는 동반자의 안전 귀가 여부 등을 반드시 문자나 전화로 확인하는 것이 좋습니다. 화룡점정 단계라고 보면 됩니다. 끝까지 동반자의 안전을 생각하고, 배려한다는 점을 문자 하나 보내는 정도의 노력으로 보여줄 수 있으니 비즈니스 골프의 훌륭한 마무리가 아닐까 합니다.

BUSINESS GOLF

골퍼의 자질

01

처음 라운드를 나간 골퍼에게 동반자들은 대개 이렇게 이야기합니다.

"우와, 골프 영재네~!"

"첫 라운드에서 이 정도면 정말 잘 치는 거야."

실제로 골프 영재라고 생각해서가 아니라 처음 필드에 나온 골퍼에게 동기부여를 하기 위한 칭찬의 말일 겁니다. 그런데 이 말에는 골퍼들이 골프의 어려움을 인지하고 있다는 뜻이 담겨 있기도 합니다. 첫 라운드에 티샷을 치고 공을 띄우는 것만으로도 대견하다고 느낄 만큼, 골프가 쉽지 않다는 것을 골퍼라면 모두 알고 있을 겁니다.

골프는 참 어렵습니다. 다른 스포츠에서 어느 정도 성공을 거둔 사람들도 골프는 정복하기가 어렵다고 말합니다. 물론 그래서 골프가 공평하다고 말하는 사람도 있습니다. 남녀노소, 사회적 지위, 경제적 능력, 심지어 운동 신경 같은 선천적인 능력과도 크게 연관이 없다고 느껴질 정도로 골프 스코어는 예측하기 어렵습니다.

또한 하나의 샷을 만들어내기까지 많은 요소들이 영향을 미치는데 이것이 골프가 어렵다고 하는 가장 큰 이유가 아닐까 합니다. 게다가 실수를 만회할 기회가 거의 없는 스포츠이기도 합니다. 샷 하나하나가 모두 스코어와 직결되기 때문입니다. 게다가 골프를 잘 치기 위해 요구되는 자질 역시 다양해서, 한 가지만 잘해서는 좋은 스코어를 내기가 어렵습니다. 실력 있는 골퍼가 되기 위한 요소는 바뀌고 있지만 기본 요소는 다음과 같습니다.

1. 인스트럭션 Instruction : 좋은 레슨과 지도를 받는 것
2. 이큅먼트 Equipment : 자신에게 맞는 장비를 찾아서 구성하는 것
3. 멘탈 Mental : 어떤 상황에서도 자신의 샷을 할 수 있는 정신력

이는 1990년 초반까지 골프의 3가지 기본 요소로 불리면서 실력 있는 골퍼로 성장하려면 반드시 지켜야 할 것으로 받아들여졌습니

다. 첫 번째, 인스트럭션을 살펴보죠. 시대별로 특유의 스윙 이론이 있고 그 이론을 가르치는 교습가들이 있었습니다. 그러한 트렌드에 따라 이상적인 스윙에 대한 정의도 계속 변화했습니다. 특정 선수가 좋은 성적을 내면, 그 선수가 추구하는 스윙이 유행처럼 번지기도 했습니다.

두 번째, 이큅먼트도 중요한 요소입니다. 티타늄 헤드의 개발, 샤프트의 발전, 그리고 솔리드 골프볼의 개발 등을 통해 장비의 퍼포먼스 측면에서 상당한 진보가 있었고, 이러한 장비들을 자신에게 맞춰 피팅하는 노력들이 병행되었습니다.

마지막으로 중요한 요소는 멘탈, 즉 정신력입니다. 다양한 스포츠

골퍼들은 꾸준히 자신의 스윙을 체크하는 노력을 해야 합니다. (출처: 게티이미지)

에서 "스포츠는 90%가 정신력, 10%가 피지컬"이라며 신체적인 요소보다 정신적인 요소를 강조하고 있습니다. 골프도 예외는 아닙니다. (하지만 제가 들었던 명언 중 하나는 "골프의 90%는 멘탈이고, 나머지 10%도 멘탈이다"라는 말입니다.)

그런데 이러한 기본 요소가 1990년대 중반에 들어서면서 '확장'하는 계기가 있었습니다. 타이거 우즈의 등장이었습니다.

현대 골프의 새로운 요소

타이거 우즈가 프로로 전향하면서 골프 산업 자체를 '부흥'시켰다는 것에는 어느 누구도 이견이 없을 것입니다. 그런데 타이거 우즈의 등장은 뛰어난 '골퍼'가 되기 위해 어떤 요소들이 필요한지에 대하여 다른 차원에서 접근하게 된 계기가 되었습니다. 타이거 우즈의 플레이에서 느껴지는 역동성, 그리고 파워 등이 기존 골프 선수의 이미지와는 전혀 다르게 느껴졌고, 타이거 우즈는 골프에 '뭔가 다른' 요소가 고려되어야 한다는 인식을 갖도록 만들었습니다. 특히 신체적 능력, 컨디셔닝, 그리고 이를 바탕으로 한 샷의 구사 등이 바로 그 예입니다.

타이거 우즈의 등장으로 많은 골퍼들이 신체적 능력과 컨디셔닝에 관심을 갖게 되었습니다. 골프 퍼포먼스에 영향을 미칠 수 있는 신체적 능력을 키우고 유지하는 것에 무게를 두기 시작한 것이죠. 이 과정에서 골프 전문 피트니스가 전문적인 영역으로 자리 잡게 되었습니다.

이와 더불어, 샷 구사 능력Shot Making과 코스 공략Course Management 역시 새로운 요소들로 인정받기 시작했습니다. 이 2가지 요소는 골프 코스의 난이도 변화와 선수 개개인의 능력이 발전한 데에 그 원인이 있습니다. 특히 비거리에 강점을 가진 선수들이 나타나면서, 기존과는 전혀 다른 코스 공략이 가능하게 되었고, 모험적인 플레이와 보수적인 플레이를 적절히 조화시키는 현명한 코스 매니지먼트 방법도 개발되었습니다. 또한 이러한 코스 공략을 실제로 실현하는 샷 구사 능력 또한 중요해졌습니다.

프로 골프와 아마추어 골프는 분명히 다르지만 프로 골퍼에게 중요한 요소는 아마추어 골퍼에게도 몇 가지 시사점을 제공합니다.

첫째, '골프 연습' 이외에도 신체적인 능력을 키우기 위해 최소한

기존 골프의 3요소	현대 골프의 6요소
• Instruction(레슨 및 지도) • Equipment(장비) • Mental(멘탈, 정신)	• Basic Instruction(기본 레슨 및 지도) • Equipment(장비) • Mental/Emotional(멘탈/감정) • Physical Conditioning(신체적 능력/컨디셔닝) • Course Management(코스 공략) • Shot Making Skills(샷 구사 능력)

현대 골프는 기존 골프와는 다른 요소들이 추가되고 세분화되었습니다. (출처: Robert Robbins Golf/Titleist Performance Institute)

의 근력 운동과 유연성 운동을 해야 합니다. 스윙을 할 때 쓰는 근육을 발달시키는 것은 비거리 향상은 물론 부상 방지에도 도움이 될 수 있습니다.

둘째, 코스 공략을 위해 더 많이 '고민'해야 합니다. 나이가 들면서 체력이 떨어져서 혹은 부상을 입어서 비거리가 줄어들었다면, 코스 공략을 할 때 이성적으로 판단해야 합니다. 과거에 잘 맞았을 때의 비거리를 기준으로 삼고 힘을 앞세워 스윙을 하거나, 골프볼이 떨어질 위치의 위험 요소들(예를 들어 페널티 구역이나 벙커 등)을 미리 파악하지 않고 스윙하는 것은 스코어를 줄이는 데 전혀 도움이 되지 않습니다.

골프를 잘 치기 위한 '정석이나 정답'이 없다는 말이 있습니다. 그만큼 골프는 절대 쉬운 운동이 아니라는 뜻입니다. 그래서 자신의 실력과 게임을 평가할 때는 스윙 한 가지 요소에만 집착하지 말고 골프의 여러 기본 요소들을 고려하여 실력을 향상시키는 것이 좋습니다.

골프 스윙의
기본 요소

02

 자신의 스윙 영상을 보며 '정말 잘 친다', '멋지다'라고 생각하는 골퍼가 얼마나 될까요? 아마도 자신의 머릿속에서 그린 스윙과 실제 스윙 사이의 괴리감으로 인해 충격과 자괴감에 빠지는 골퍼가 대부분일 겁니다.
 우리가 타이거 우즈나 로리 매킬로이처럼 멋진 스윙을 하면서 좋은 결과를 얻으면 좋겠지만, 사람들마다 체력, 유연성, 근력 등이 다르기 때문에 똑같은 스윙을 할 수는 없습니다. 그렇다고 자신이 느끼는 대로, 하고 싶은 대로 스윙을 해서도 안 되죠.

우리가 골프 레슨을 받고 연습하는 이유는 스윙의 일관성을 끌어 올리기 위해서입니다. 일관성이 확보되어야 실수를 줄이고 스코어도 줄일 수 있기 때문입니다. 그래서 골프에서는 '뛰어난 샷'을 많이 하는 것만큼 '실수를 적게 하는 샷'도 중요합니다. 실수로 인해서 잃게 되는 타수가 결국 자신의 스코어를 망치게 되니까요.

모든 골퍼들이 완벽한 스윙을 원하지만, 그만큼 좌절감을 느끼기도 합니다. (출처: 게티이미지)

골프 스윙의 기본기를 갖추지 못하면, 스윙을 할 때 좋지 않은 보상 동작Compensation을 하게 됩니다. 이 보상 동작이 많아지게 되면, 힘을 전달하는 효율성이 떨어지면서 비거리 손해를 보거나 방향성을 확보하지 못하게 되죠. 무엇보다 '결과의 일관성'이 없어집니다.

여러 교습가들이 수많은 연구를 통해서 가장 이상적이라고 생각하는 스윙을 만들고 이를 가르치고 있습니다. 하지만 골프 교습 방법과 스윙 방법은 수없이 소개되었다가 사라지기를 반복하죠. 그래서 기본기에 충실한 게 좋습니다. 골프 스윙 레슨에서 변하지 않는 4

가지 기본 요소가 있습니다. 교습가에 따라 혹은 이론에 따라 약간의 용어 차이와 분류 차이는 있지만, 골프 스윙의 기본으로 간주하는 요소는 다음과 같습니다.

- G – Grip(그립)
- A – Aim(조준)
- S – Setup(셋업) 혹은 P – Position(포지션)
- P – Posture(자세)

첫 번째로, 그립Grip이란 운동 기구를 잡는 자세를 말합니다. 골프에서는 클럽을 잡는 자세를 뜻하죠. 본인의 현재 구질 혹은 추구하는 구질에 따라서 스트롱 그립, 뉴트럴 그립, 위크 그립 등으로 분류하기도 하고, 오른손과 왼손의 위치나 모양에 따라 인터로킹 그립이나 베이스볼 그립으로 나눕니다.

사실 가장 중요한 것은 어떻게 그립을 '잘 잡느냐'입니다. 그립 잡는 법에 따라 스윙 자체가 바뀔 수 있기 때문에 개인적으로 저는 그립을 체크하는 것을 가장 중요하게 생각합니다. 이렇게 그립이 중요함에도 불구하고, 대부분의 골퍼는 골프를 처음 배우는 단계에서만 그립을 신경 씁니다. 한번 자신의 그립에 익숙해지고 나면 수정을 하려는 노력을 하지 않죠. 습관을 바꾸기 어려운 것처럼 이미 익숙해진 그립을 바꾸는 것도 어렵다 보니 기본 요소는 안 바꾸고 스윙 궤도

같은 요소들을 고치려 들곤 합니다.

두 번째 기본 스윙 요소는 조준Aim입니다. 조준이란 올바른 타깃 지점을 설정하고 그에 맞게 자신의 몸을 일치시키는 것을 말합니다. 동반자와 라운드를 하다 보면, 엉뚱한 방향으로 보고 치는 사

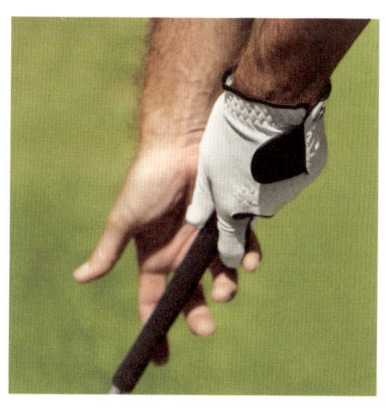

견고하고 올바른 골프 그립은 골프 스윙의 기본입니다. (출처: 게티이미지)

람들을 본 적이 있을 겁니다. 그런데 막상 결과가 올바른 경우가 있는데, 이 경우엔 결과만 보고 조준을 잘했다고 볼 수는 없습니다. 조준을 제대로 하지 못한 상태에서 결과를 만들어내야 하다 보니 어떤 보상동작을 하게 되고 권장하지 않는 방식으로 스윙을 하는 것이죠. 이렇게 스윙을 하게 되면 스윙 궤도 자체를 바꿔 치면서 임팩트의 효율성이 떨어지게 됩니다. 또한 어쩌다가 조준한 대로 치더라도 대부분 페어웨이를 벗어난 샷을 하게 됩니다.

세 번째 요소는 셋업Setup 혹은 포지션Position입니다. 교습가들마다 용어를 다르게 쓰는 경우가 있긴 하지만 볼 포지션이라는 관점에서 쉽게 설명될 수 있습니다. 골프볼을 왼쪽 발과 오른쪽 발의 어느 지점에 둘 것인가와 골프볼과 자신의 거리를 얼마나 둘 것인가를 말하죠. 이 포지션이 중요한 이유는 실제 골프장에서 라운드를 하는 경우

에 같은 실수를 반복할 때가 있는데, 자신의 셋업 혹은 포지션을 변경하는 것만으로도 임시적인 처방을 내릴 수가 있기 때문입니다. 예를 들어 생크가 계속 난다거나, 뒤 땅이나 탑 볼Topping을 계속 치는 경우가 있는데, 이때에는 볼의 위치를 조금 변경하는 것만으로도 일시적인 교정이 되기도 합니다.

네 번째 요소는 자세Posture입니다. 앞서 말한 3가지 요소를 포괄할 수 있는 개념이기도 합니다. (그래서 일부 교습가는 '자세'라는 큰 범주 안에 그립, 조준, 셋업을 모두 넣기도 합니다). 사실 이 스윙 요소는 스스로 문제점을 파악하고 수정하기가 가장 어렵습니다. 따라서 전문 교습가의 도움을 받는 게 좋습니다. 특히 척추의 각도나 무릎의 굽힘 정

얼라인먼트 스틱을 활용하여 연습을 하면 조준과 셋업 실력 향상에 큰 도움을 받을 수 있습니다. (출처: 게티이미지)

도에 대한 분석과 진단은 전문가에게 맡기는 게 좋습니다. 혼자서 자세를 촬영하고 확인할 수 있긴 하지만 좀 더 자세를 개선하고 싶다면 도움을 받는 것도 방법입니다.

앞서 말한 4가지 요소는 실제로 여러분이 스윙을 하는 단계에서는 하나의 흐름으로 만들어집니다. 클럽을 꺼내어 1) 그립을 잡고, 2) 타깃 방향을 바라보고 조준하며, 3) 골프볼을 두고 자세를 셋업하고, 4) 올바른 자세로 스윙을 하게 되는 것이죠. 그렇기 때문에 저 흐름 중 한 단계라도 잘못되면 샷의 결과가 나빠질 수밖에 없습니다.

연습장에서 기계적으로 많이 치는 습관을 가진 사람들이 있습니다. 그보다는 매 샷마다 그립부터 자세까지 4가지 요소를 하나씩 염두에 두고 연습한다면 효과가 배가되지 않을까 합니다.

BUSINESS GOLF

골프 클럽

03

새로운 클럽이 나올 때마다 열광하는 골퍼들이 있습니다. 그들은 자신이 좋아하는 제조사의 제품 출시 일정을 꿰고 있으며, 늘 신제품으로 골프백을 채워 놓죠. 골프에서는 장비의 역할이 절대적이라고 생각하는 사람들도 있습니다. 특히 저에게 골프에 대해 문의하는 사람들의 80%는 클럽을 뭘 써야 하는지 묻습니다. 클럽이 골퍼들의 큰 관심사인 것이죠. 재미있는 것은 저에게 질문을 하는 사람들의 대부분은 나름대로 골프 장비 관련 지식을 가지고 있으며 자신의 주관도

뚜렷한 편이라는 점입니다. 결국 저에게 묻는 것은 자신의 결정이 옳은지에 대한 확인 정도인 경우가 많습니다.

그런데 장비에 대한 대화를 하다 보면 아무 근거 없이 샤프트의 특정 플렉스를 추천하거나, 상대방 장비에 대해 평가하는 사람들이 있습니다. 문제는 올바른 정보를 갖고 있어야 추천도 제대로 할 수 있다는 것입니다. 장비에 대해서는 3부 중 '골프 장비에 대한 오해와 진실' 편에서 더 자세히 설명하겠습니다. 여기서는 골프 클럽 중심으로 이야기하려 합니다.

일부 골퍼들에게 클럽을 포함한 골프 장비는 '심리적'인 영역에 속하기도 합니다. 어떤 취미든 취미생활을 시작하려면 장비가 필요하고, 어느 취미든 '장비병 환자'는 있게 마련인데 골프라고 예외일 수 없죠. 취미활동의 본질보다 장비에 집착하는 사람들은 어디에나 있습니다. 장비에 집착하는 사람은 미스샷이나 좋지 않은 결과를 모두 장비 탓으로 돌리고, 장비만 바꾸면 당장이라도 싱글 핸디캡을 가질 것 같은 환상을 가지고 있기도 합니다. 어떤 장비, 특히 어떤 클럽을 사용해야 할지에 대해서는 골퍼마다 신체적 능력이나 선호도가 다르기 때문에 일반화시킬 수는 없습니다. 그래서 클럽 자체의 물리적 사양, 즉 스펙보다 클럽을 어떻게 구성해야 할 것인지에 대해 알아야 합니다.

효율적인 클럽 구성 팁

1. 골프 클럽 수는 14개

골프백 안에 넣고 플레이하는 클럽 수가 14개를 넘을 수 없다는 건 규칙입니다. 아마추어라고 하더라도 이 규칙을 숙지하고 적용하려고 노력해야 합니다. 쓰지 않는 클럽을 실수로 백에 넣었거나 단순하게 보관한 경우라도 동반자들에게 사전에 양해를 구하는 것이 좋습니다. 드라이버나 퍼터를 새로 구매해서 테스트해보기 위해 가져오는 경우도 있는데요. 충분히 이해해줄 수 있는 상황이긴 합니다만 동반자들에게 양해를 구하고 오해가 생기지 않도록 하는 게 좋겠습니다.

2. 고정 클럽

14개의 클럽을 구성하는 옵션은 다양합니다. 페어웨이 우드는 몇 개를 넣을 것인지, 하이브리드 클럽을 사용할 것인지, 아이언은 어떻게 구성할 것인지, 웨지는 몇 개를 어떤 로프트를 가지고 사용할지 등이 큰 고민거리일 것입니다.

우선 바꿀 수 없는 클럽이 2가지가 있습니다. 바로 드라이버와 퍼터입니다. 드라이버와 퍼터를 각각 2개 이상 가지고 있는 것은 효율과 효용이 떨어집니다. 따라서 드라이버와 퍼터는 고정된 것이라고 볼 수 있습니다. 결국 클럽의 구성이라는 것은 12개의 클럽을 어떻게 조합해서 사용할 것인가 하는 문제로 귀결됩니다.

3. 숏게임을 우선 고려한 웨지 구성

12개의 클럽을 구성할 때는 숏게임부터 롱게임의 순서로, 즉 그린 주변에서 필요한 클럽부터 선택합니다. 그린 주변에서의 플레이를 우선시한다는 가정하에, 숏게임을 할 때 가장 먼저 결정해야 할 것은 몇 개의 웨지를 사용할 것인가입니다.

주변 지인에게 어떤 웨지를 쓰는지 물으면 이런 답변을 많이 받습니다.

"56도, 52도, 그리고 피칭 웨지."

"PW, AW 그리고 SW."

"그냥 아이언 세트 살 때 들어 있던 거 쓰는데?"

여러분은 어떤 웨지를 쓰고 있는지 잘 알고 계신가요? 여러분이 쓰고 있는 피칭 웨지(P 또는 PW)의 로프트Loft를 한번 확인해보시기 바랍니다. 제조사별, 모델별로 로프트 각도가 다 다릅니다. 이걸 알아야 몇 개의 웨지를 쓸지 결정할 수 있습니다.

만약 44도의 피칭 웨지를 쓰고 있고, 56도 웨지를 사용하고 있다면, 두 클럽 사이에는 12도의 로프트 차이가 발생합니다. 보통 클럽의 거리 조절은 10미터 혹은 10야드가 일반적인데, 이 정도의 거리 차이를 내주는 것이 바로, 약 4도의 로프트 차이입니다. 그렇기 때문에 클럽 간에 로프트 차이가 크면 거리를 조절하기가 어렵겠죠. 두 클럽 간에 12도의 차이가 있다면, 중간에 2개의 웨지를 추가하여, 44도 - 48도 - 52도 - 56도 웨지로 구성할 수도 있고, 웨지 하나를 추가

자신이 사용하는 웨지의 로프트는 물론 그라인드와 바운스에 대해서도 잘 알고 있어야 합니다. (출처: 김태훈)

하여 44도 - 50도 - 56도로 구성할 수도 있습니다. 50도와 56도 정도로 충분히 거리 조절을 할 수 있다면 피칭 웨지를 포함하여 3개의 웨지를 쓰면 되고, 좀 더 세분화해서 클럽을 사용하고 싶다면 4개의 웨지를 쓰면 됩니다.

요즘엔 다양한 로프트와 그라인드 옵션을 제공하는 웨지들이 출시되고 있습니다. 로프트는 그나마 익숙하지만 그라인드는 아마추어에겐 생소할 수 있습니다. 그라인드란 웨지의 솔 부분의 모양을 말합니다. 어떤 그라인드의 클럽을 사용하는지에 따른 결과의 차이가 크기 때문에 알아두는 게 좋습니다. 특히 벙커에서 빠져나오는 것에 자신이 없거나, 잔디의 상태 혹은 종류에 따라서 어려움을 겪는 경우가 있다면, 전문가의 추천을 받아서 적합한 웨지를 사용해보길 바랍니다.

4. 아이언 구성

웨지 구성이 끝났으니 이제 아이언을 선택할 차례입니다. 일반적으로 골퍼(남성 골퍼 기준)들이 가지고 있는 가장 긴 아이언은 3번에서 5번 사이일 겁니다. 그런데 3번 아이언이나 4번 아이언을 이용해 원하는 거리를 보낸다는 사람은 별로 없습니다. 아이언이 길어질수록 정확한 거리를 보내기 위한 충분한 탄도를 만들어내는 것이 어려워지기 때문입니다. 그래서 개인차는 있지만, 어느 길이 이상의 아이언부터는 거리 차이가 거의 나지 않는 상황이 생기는 것이죠. 그래서 쓸모없는 롱아이언은 빼는 것이 좋습니다. 차라리 하이브리드나 숏게임을 위한 추가 웨지를 준비하는 것이 더 좋은 선택일 수 있습니다.

5. 롱게임 구성

롱게임 구성의 시작은 앞서 언급한 것처럼, 골퍼가 칠 수 있는 가장 긴 아이언이 무엇인지를 찾는 데서 시작합니다. 예를 들어 어떤 골퍼가 5번부터 9번까지의 아이언을 갖고 있다면, 4번 아이언 이상의 클럽을 대체할 수 있는 하이브리드 클럽을 선택할지, 페어웨이 우드를 선택할지 고민하고 결정하는 것이죠.

롱게임을 위한 클럽을 구성할 때는 페어웨이 우드와 하이브리드 클럽 중 하나를 선택해야 합니다. 이 2가지 클럽은 장단점이 명확하고, 골퍼 간의 선호도 또한 갈리는 편이어서, 가급적 매장이나 피팅 행사 등을 통해서 반드시 직접 체험해보는 것이 좋습니다. 특히 페어웨이 우드를 택할 때에는, 티샷을 대신할 용도인지 페어웨이에서의 샷이 주목적인지 결정해야 합니다. 그에 따라 로프트가 달라지고, 페어웨이 우드와 하이브리드의 조합이 달라질 수 있기 때문입니다.

6. 롱게임 클럽의 캐리 거리 차이

롱게임을 위한 클럽을 조합할 때도 각 클럽 간 거리 차이를 일정하게 유지해야 합니다. 골퍼들이 3번 우드라고 부르는 페어웨이 우드를 사용한다고 가정했을 때, 3번 페어웨이 우드와 가장 긴 아이언 사이를 어떤 클럽으로 채울 것인지가 롱게임 클럽 구성의 핵심입니다.

이때 간과하면 안 되는 것이 캐리Carry 거리입니다. 클럽의 비거리를 계산할 때 알고 있어야 할 요소입니다. 골프볼이 떨어져서 구르는 거리는 골프장의 상황, 그리고 떨어지는 지면의 상태에 따라서 달라지기 때문에 골퍼가 예측할 수 있는 거리가 아닙니다. 그러므로 자신의 비거리를 냉정하게 평가해보아야 합니다.

클럽 구성과 캐리 거리의 관점에서 보면, 롱게임 클럽 사이에는 15미터 정도의 거리 차이가 나는 것이 좋습니다. 실제로 10미터 정도로 촘촘하게 클럽을 구성한다고 하더라도 롱게임 클럽의 결과에 일관성을 갖기가 어렵습니다. 뿐만 아니라 상대적으로 가격대가 높은 클럽을 10미터 단위로 구매하는 것은 비효율적입니다.

골프볼 선택하기

04

클럽에 비해 상대적으로 덜 중요하게 받아들여지는 장비가 있습니다. 바로 골프볼입니다. 하지만 골프볼에 관해 공부해보면 절대 골프볼을 함부로 쓸 수 없게 됩니다.

"골프볼은 소모품일 뿐이다." vs. "골프볼도 장비이다."

이렇게 상반되는 견해가 보여주듯이 골프볼을 대하는 골퍼들의 자세 역시 극명하게 나뉩니다. 골프볼은 대개 선물받는 경우가 많다 보니 골퍼가 직접 골프볼을 기호에 따라 선택하는 경우는 많지 않은 듯합니다. 골퍼라면 골프볼도 신중하게 선택할 할 필요가 있습니다.

라운드에서 사용하는 모든 골프 용품은 장비인데 '장비' 역할을 하려면 그것을 사용했을 때 퍼포먼스의 변화가 있어야겠죠? 골프볼에 따라 퍼포먼스가 어떻게 달라지는지 알아보겠습니다.

 골프볼의 퍼포먼스

퍼포먼스 요소 - 탄도

탄도는 Flight 또는 Trajectory라고 하는데, 론치 앵글Launch Angle이나 타출각과는 조금 다른 개념입니다. 론치 앵글이 클럽과의 임팩트 직후에 몇 도의 각도로 떠오르냐는 개념이라면, 탄도는 공이 날아가는 궤적을 말합니다. 탄도는 공의 떠오름과 떨어짐, 최고점, 공이 좌우로 휘어지는 방향까지 포함하는 개념입니다.

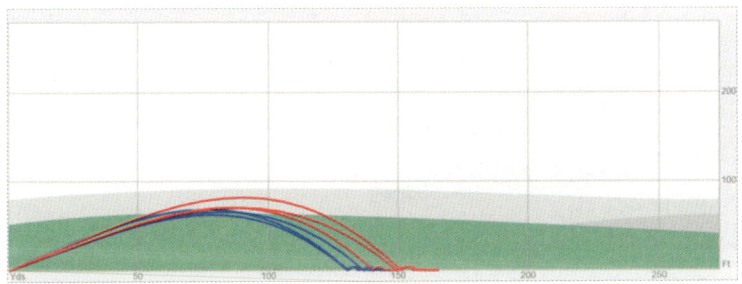

실제 트랙맨 데이터. 7번 아이언 기준. 빨간색 그룹이 파란색 그룹에 비해 탄도가 더 높게 기록되었습니다.

사람마다 다르긴 합니다만 비거리는 탄도와 관계가 있습니다. 그래서 탄도가 중요하죠. 어떤 골퍼는 높은 탄도를 통해 더 긴 비거리를 확보하는가 하면, 어떤 골퍼는 탄도를 더 낮춰야 더 긴 비거리를 냅니다. 일반적으로 탄도가 높으면 충분한 캐리 거리를 확보할 수 있지만, 너무 높을 경우 비거리의 손해를 볼 수도 있습니다.

퍼포먼스 요소-스핀량

많은 골퍼들이 스핀량의 중요성에 대해서는 잘 알고 있을 것입니다. 일반적으로 롱게임에서는 스핀량이 적은 것이 좋지만, 아이언 샷을 포함해 그린을 향하거나 그린 주변에서의 플레이를 할 때는 스핀량이 높은 것이 좋습니다. 거의 모든 프로 선수들이 우레탄 커버 소재의 골프볼을 사용하는 것도 바로 그린 주변에서 플레이할 때 높은 스핀량을 얻기 위해서입니다. 단순하게 몇 미터의 드라이버 비거리를 위해 스핀량을 포기할 수는 없죠.

골프볼의 스핀량을 확인할 수 있는 그린 주변에서의 플레이. (출처: 게티이미지)

퍼포먼스 요소-비거리

골프볼의 비거리를 늘리는 것은 모든 골퍼들이 바라는 바입니다. 비거리는 골프볼의 여러 퍼포먼스 요소들의 조합에 따라 결과가 달라집니다. 이는 탄도와 스핀량이 어떻게 조합되느냐에 따라서 비거리가 달라질 수 있다는 이야기이기도 합니다.

많은 골퍼들은 피스 수를 가지고 골프볼의 비거리를 예측하기도 합니다만, 이는 잘못 알려진 정보 중 하나라고 볼 수 있습니다. 실제로 많은 골퍼들이 비거리를 목적으로 2피스 골프볼을 선택하는데, 피스 수와 비거리를 직접적으로 연관 짓기는 쉽지 않습니다. 2피스 골프볼이 일반적으로 스핀량이 적기 때문에 비거리에 이득을 볼 수는 있습니다. 그러나 골프볼의 구조에 따른 퍼포먼스 차이가 있을 수 있고, 무엇보다도 이러한 골프볼 선택으로 인해 그린 주변에서의 스핀량을 포기해야 하므로 이해득실을 잘 따져봐야 합니다.

특히 슬라이스가 나는 골퍼들은 스핀량이 낮은 골프볼을 쓰는 게 유리하다고 생각하지만, 냉정하게 말하면, 슬라이스가 날 골프볼이

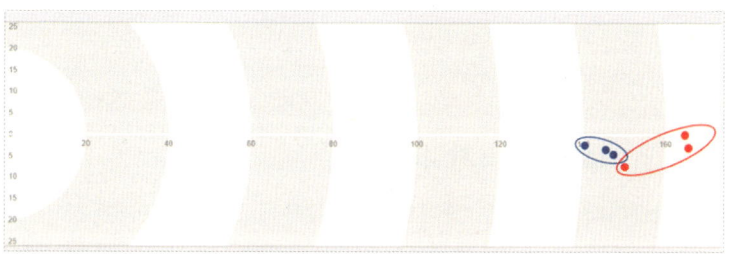

실제 트랙맨 데이터. 7번 아이언 기준. 두 그룹의 비거리 차이가 존재하며, 이는 탄도와 스핀량의 차이에 의한 결과였습니다.

페어웨이로 돌아오는 기적은 일어나지 않습니다. 슬라이스의 원인은 스윙 궤도와 클럽 페이스 등 여러 요소가 복합적으로 작용한 결과기 때문입니다.

선호도 요소 – 색상, 가격, 타구감 등

색상이나 가격도 골프볼 선택의 기준이 됩니다. 타구감도 사람마다 좋아하는 감각이 다르므로 선호도 영역이지만 동시에 퍼포먼스 영역이기도 합니다. 특히 퍼트를 할 때, 골프볼의 타구감에 따라 거리에 대한 '감'이 달라질 수 있기 때문입니다. 그래서 가급적 퍼팅 매트나 연습 그린에서 플레이하면서 타구감에 대한 판단을 해보는 것이 좋습니다.

골프볼 사용 원칙

이렇게 골프볼의 퍼포먼스와 선호도를 고려하여 자신에게 맞는 골프볼을 찾고, 골프볼을 사용하는 데에도 몇 가지 원칙이 있습니다.

1. 여러 모델을 섞어 쓰지 말라

골프볼마다 퍼포먼스 차이가 있기 때문에 골프볼을 섞어 쓰면 골프의 일관성이 떨어집니다. 매번 다른 볼을 치면서, 동일한 비거리가

그린 위의 골프볼들. 똑같은 샷을 하더라도 골프볼의 결과가 다를 수 있습니다. (출처: 게티이미지)

날 것이라고 예상하는 것 자체가 모순이죠.

2. 골프볼의 퍼포먼스를 예민하게 받아들여라

 많은 골퍼들이 클럽에 대해서는 예민한데 골프볼에 대해서는 둔감합니다. 골프볼의 퍼포먼스를 직접 측정할 수 있는 기회가 많지 않기 때문에, 퍼포먼스 자체를 느낀다는 것이 어려울 수는 있습니다. 그럼에도 불구하고, 골프볼마다 탄도와 스핀량, 그리고 타구감이 다르다는 것을 인정하고 받아들이는 것은 중요합니다. 골프샵의 전문가 혹은 주변 지인의 추천을 통해 정보를 얻고 골프볼이 지향하는 퍼포먼스에 대해서 좀 더 관심을 가지는 노력이 필요합니다.

3. 더 중요한 샷에 집중하라

드라이버 샷과 같은 롱게임 샷은 꽤나 화려합니다. 하지만 스코어카드를 들여다보면, 실제로는 그린 위에서의 퍼트나 숏게임 샷이 중요하다는 것을 알 수 있습니다. '나는 실력이 좋지 않으니, 좋은 볼을 쓸 필요가 없어.'라고 생각하는 사람들이 있습니다. 하지만 아래의 그린 적중률 자료에서 볼 수 있듯이, 실력이 좋지 않은 골퍼일수록 그린을 놓치게 되고, 더 많은 스핀량을 필요로 하는 리커버리 샷을 하는 경우가 많습니다. 실력이 좋지 않을수록 '좋은' 골프볼이 필요하다는 거죠.

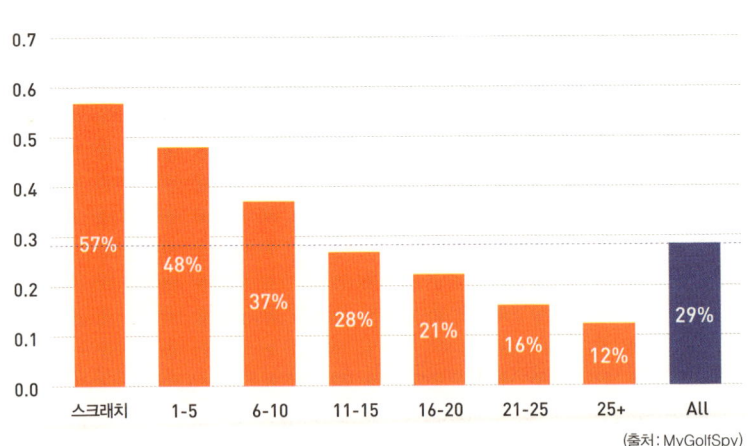

핸디캡별 GIR Green In Regulation

(출처: MyGolfSpy)

4. 골프볼의 패키지를 자세히 살펴보라

골프볼을 구매하면 더즌이 들어 있는 박스를 그냥 버리는 경우가 많습니다. 그런데 그 패키지에는 해당 골프볼이 지향하는 퍼포먼스 요소가 자세히 기술되어 있습니다. 제조사마다 혹은 브랜드마다 퍼포먼스를 바라보는 관점이 다를 수는 있지만 적어도 골프볼 간의 차이가 무엇인지는 쉽게 알 수 있습니다. 골프볼 구매 시 꼭 패키지를 좀 더 자세히 살펴보세요. 이러한 패키지 내용은 각 제조사의 홈페이지에도 자세하게 기술되어 있습니다.

골프볼 패키지를 잘 살펴보면, 제품에 대한 정보를 쉽게 찾아볼 수 있습니다. (출처: 김태훈)

5. 가급적 '새 볼'을 사용하라

골프용품은 모두 소모품입니다. 오래 사용해서 닳고 낡으면 새 것으로 교체해야 하죠. 그런데 유독 골프볼은 경제적인 이유나 실력을 핑계로 새 걸로 교체하지 않으려 합니다. 하지만 다양한 연구 결과, 로스트 볼 혹은 리피니쉬 볼의 성능 편차가 크다는 것이 밝혀졌습니다. 특히 물속에 오래 있었던 골프볼의 경우 골프볼 소재의 특성상 성능 저하가 일어나게 됩니다. 게다가 이 성능 저하 역시 골프볼마다 다르기 때문에 성능의 편차도 심해집니다. 만약 로스트 볼을 사용하는 이유가 경제적인 이유라면, 차라리 가격대를 낮춰서 저렴한 가격의 '새 볼'을 구매해서 사용하시는 것이 좋습니다. 새 볼을 사용하면

꽤 많은 골프볼이 물속에서 수거됩니다. (출처: 게티이미지)

일관된 플레이를 할 수 있고, 샷 감각도 빠르게 끌어올릴 수 있습니다.

골프볼 선택의 기준은 사실 수백 가지가 있을지도 모릅니다. 앞에 기술한 내용은 그중 일부분일 뿐입니다. 클럽과 같은 다른 장비들만큼이나 골프볼도 중요한 장비라는 생각을 하게 되면, 골프볼 선택에 있어서도 좀 더 신중해지게 됩니다.

골프 멘탈의 중요성
- 입스 극복

05

2010년쯤이었던 것 같습니다. 골프 유학을 거의 마칠 시기에 PGA 멤버가 되기 위해, PAT Playing Ability Test라는 시험을 본 적이 있습니다. 일종의 실기 시험인데, 이 테스트를 합격하고 수련 기간을 거치고 나면 PGA 멤버가 될 수 있습니다. 코스의 난이도에 따라 기준이 달라지긴 하지만, 일반적으로는 하루에 36홀을 플레이하면서 합계 155타 정도를 쳐야 합격할 수 있죠. 중요한 시험이니 긴장감도 그만큼 대단했습니다.

그날 첫 번째 홀이었던 것 같습니다. 티샷이 페어웨이를 벗어난 상태에서 세컨 샷이 그린을 놓쳤지만, 다행히 세 번째 샷을 홀에 가깝게 붙여 약 50센티미터 정도의 퍼트 거리를 남겨뒀었습니다. 평소라면 툭 치면 들어갈 거리였는데, 어드레스부터 불편함이 느껴지더니 결국 그 퍼트를 놓치고 말았습니다.

그런데 그날 이후, 50센티미터 정도 거리의 퍼트를 전혀 할 수 없게 됐습니다. 정확성이 떨어지는 정도가 아니라 스트로크를 위해 퍼터를 대면 백스윙을 시작조차 할 수 없게 된 것입니다. '설마…'라고 생각하실지 모르지만, 실제로 50센티미터 거리의 퍼트만 남으면 몸이 얼어붙는 현상이 두세 달쯤 지속되었던 것 같습니다. 퍼터를 바꾸고 하루에 100개씩 퍼트 연습을 하면서 이 현상을 극복했습니다.

어느 정도 골프 구력이 되는 사람이라면 '입스 yips'라는 말을 들어봤을 겁니다. 입스란 압박감이 느껴지는 시합 등 불안이 증가하는 상황에서 근육이 경직되면서 운동선수들이 평소에는 잘하던 동작을 제대로 못 하게 되는 현상을 말합니다. 입스를 겪어본 사람들은 '엘보' 부상보다 더 심각하다고 말합니다. 제가 겪은 50센티미터 퍼트의 공포도 일종의 입스였다고 볼 수 있습니다.

이 영어 단어에 대한 사전적인 정의는 다음과 같습니다.

yips: nervous tension that causes an athlete to fail

골프에서 '절망적인' 상황은 늘 존재합니다. (출처 : 게티이미지)

즉, 운동선수가 실패하도록 만드는 신경학적인 긴장 상태 혹은 실패를 야기할 수 있는 심리적인 긴장 상태를 말하는데, 골프뿐만 아니라 여러 운동 종목에서 심리적인 압박으로 인해 정상적인 플레이를 할 수 없는 경우를 모두 입스라고 합니다.

특히 골프에서는 티샷과 퍼트처럼 심리적인 상태, 그리고 이로 인한 샷의 결과가 직접적인 타수로 나타나는 경우에 자주 나타납니다.

입스는 어떻게 나타나는가

입스가 어떤 패턴을 가지고 나타난다고 보기는 어렵습니다. 하지만 공통점은 있습니다. 골퍼가 실력과 상관없이 '설명할 수 없는' 실수를 했을 때 그로 인해 심리적인 압박을 받게 된다는 것입니다.

사실 입스가 왔다는 이야기를 들으면, 겪어 보지 않은 사람들은 믿지 않는 경우가 많습니다. 당사자는 절망적인 상황일 확률이 높은데도 말이죠. 웨지샷에서 지속적인 생크가 나면서 웨지샷을 하는 것 자체를 두려워하고, 아주 부자연스러운 스윙을 하는 경우도 이에 해당합니다. 좋지 않은 결과가 반복되고, 이러한 결과들이 결국 심리적 불안을 일으키게 되면서 더 나쁜 결과를 만들어내는 악순환이 벌어지게 되는 것입니다. 겪어보지 않은 사람들은 상상도 못할 정도의 압박감이 느껴집니다. 그래서 입스는 골퍼들에게 찾아오는 질병 중 가장 무서운 병이라고도 하죠. 1991년 디 오픈 우승자인 이언 베이커 핀치는 메이저 우승에도 불구하고, 32개 대회에 연속으로 컷을 통과하지 못했던 불명예스러운 기록을 가지고 있습니다. 심리적인 문제로 인해 꽤 오랜 시간 고생을 했던 선수입니다.

골프는 스포츠 중에서도 심리적인 요소가 많은 멘탈 스포츠입니다. 정신력이 게임의 80~90%를 좌우합니다. 주변에서만 봐도 연습 스윙과 실제 스윙이 다른 사람들이 있습니다. 지면에 골프볼이 없을 때에는 정상적인 스윙을 하는데, 실제 타격을 하는 상황만 되면 다른 플레이를 하는 것이지요. 그 배경에는 '심리적인 이유'가 있습니다. 신체적인 제약과 문제는 금방 눈에 띄지만, 심리적인 문제는 원인과 해결책을 찾는 것이 쉽지 않습니다. 처음에 증상이 나타나면 그대로 받아들이고 여유를 갖고 꾸준히 하나하나 고쳐 나가는 게 좋습니다. 심리적인 문제는 전문가를 찾거나 관련 책을 읽어보는 것도 도움이 될 수 있습니다.

연습 방법을 바꿔라

미국의 뛰어난 스포츠 심리학자 밥 로텔라는 골프 심리와 관련된 많은 책을 저술했는데, 그중 『골프, 완벽한 게임은 없다 Golf is not a Game of Perfect』라는 책에서 아마추어 골퍼가 참고할 만한 내용을 소개하고 있습니다.

많은 골퍼들이 연습 과정에서부터 자신의 스윙 동작을 부분별로 분석하려고 하는 경향이 있습니다. 스윙 플레인, 팔꿈치의 위치, 힙 턴 등의 '동작'에 집중하면서 기계적인 분석에만 신경 쓰는 것입니다. 밥 로텔라 박사는 연습장에서 연습할 때도 프리샷 루틴에 맞춰서 연습할 것을 권장하고 있습니다. 제자리에서 지속적으로 같은 샷만 하면서 무엇이 잘못되었는지를 찾으려고 하면 자신의 스윙을 믿지 못하게 되고, 필드에서조차 이런 분석적인 생각들을 반복하게 된다는 것입니다.

　필드에서 실수를 하게 되면 그 샷을 되돌릴 방법은 없습니다. 샷의 결과가 나빴어도 잊고 바로 다음 샷을 준비해야 합니다. 이전 샷에 집착해서 좋을 것이 없다는 이야기입니다.

　로텔라 박사는, 연습장에서 보내는 60% 이상의 시간을 프리샷 루틴을 포함한 연습에 할애해야 한다고 이야기합니다. 그리고 그 샷의 결과를 받아들이라고 말합니다. 실제 필드에서 샷의 결과를 되돌릴 수 없듯, 연습장에서의 샷 결과에 대해서도 그냥 받아들이라는 것이죠. '아, 내가 미스샷을 했구나.', '슬라이스가 났네.', '훅이 났네.'와 같은 식으로 결과를 담담하게 받아들이는 것입니다. 이 결과를 받아들이지 못하고, 그 자리에서 이 실수를 분석하고, 만회하려고 들면, '잘못된 스윙'을 기계처럼 반복하게 됩니다. 이 기계적인 스윙 과정에서 결과를 좋게 하기 위한 인위적인 노력을 하면 스윙은 더욱 망가집니다. 기계적인 스윙에서 탈피하는 가장 좋은 방법은 연습장에서도 프리샷 루틴을 하는 것입니다.

　하지만 많은 골퍼들이 같은 자리에서 주어진 시간 동안 '많이' 치는 데 집중합니다. 특히 '올바르지 않은' 방식으로 '질보다 양'에 집중하는 경우가 대부분입니다. 이런 연습 방법은 오히려 상황을 악화시키고, 이로 인해 더 큰 스트레스를 가져올 가능성이 높습니다. 그래서 로텔라 박사는 다양한 클럽들을 가지고 '평소처럼' 연습하는 것을 추천하고 있습니다. 즉, 얼마나 '필드처럼' 연습하냐를 중요하게 여기는 것이죠. 프리샷 루틴이 포함된 연습을 추천하는 이유는 연습장과 실제 필드에서의 차이를 최소화하기 위한 것이라고 봐야 합니다. 더불어 연습장에서 보내는 시간 중 숏게임의 비중을 높여서 손의 감각을 익히는 데 집중할 것을 권장하고 있습니다. 숏게임 연습이 스코어를 줄이는 데 더 유용하기 때문입니다.

비전 54의 조언

골프에서 54라는 숫자는, 파72 코스 기준으로 봤을 때 모든 홀에서 버디를 해야 기록할 수 있는 거의 '완벽한' 숫자입니다. '비전 54Vision 54'는 모든 홀 버디, 즉 54타에 도전하자는 의미로, 안니카 소렌스탐의 스승인 피아 닐슨이 만들어낸 교습 과정입니다. 골퍼가 가진 잠재력을 끌어내는 것을 목표로 하고 있으며 '심리적인 부분'을 강조합니다. 특히 필드에서 실제로 플레이할 때에 기억해야 할 몇 가지를 제시합니다.

- 통제할 수 있는 것에만 집중하라: 골프장에서 플레이할 때 통제할 수 있는 요소는 대부분 '자신'과 관련된 것입니다. 동반자, 캐디, 골프장 환경 등은 우리가 통제할 수 없죠. 그렇기 때문에 이런 요소들로 인해 자신의 게임이 영향을 받지 않도록 노력하라는 것입니

다. 하지만 꽤 많은 골퍼들이 이렇게 통제할 수 없는 요소로 스트레스를 받기도 하고, 좋지 못한 결과의 책임을 돌리기도 합니다.

- **실제 샷을 해야 하는 순간에는 아무 생각도 하지 말라**: 많은 골퍼들이 실제로 클럽으로 골프볼을 치는 순간까지도 고민을 합니다. 자신의 스윙은 어떠한지, 스윙 궤도는 맞는지 등등. 하지만 이는 절대로 플레이에 도움이 되지 않습니다. 한번 스윙을 하기로 마음먹었다면 그냥 자신을 믿고 치세요.

이 중 두 번째는, 피아 닐슨과 린 메리어트가 저술한 『모든 샷에 집중하라Every Shot Must Have a Purpose』에 '생각 상자The Think Box'와 '수행 상자The Play Box'라는 개념으로 설명이 되어 있습니다. 샷을 하기 전까지는 생각 상자에 들어가 있다가, 샷을 하는 단계가 되면 수행 상자 영역으로 넘어가서 그냥 '스윙'을 하는 것이 좋다는 것입니다. 하지만 많은 골퍼들이 생각 상자와 수행 상자의 구분이 없이 고민과 '함께' 샷을 하는 경우가 많습니다. 샷을 하는 마지막 순간까지도 자신의 스윙과 결과에 대한 걱정을 하는 것이지요. 우리가 왜글Waggle과 같은 동작을 하거나 목표물을 되풀이해서 보는 동작 역시도, 생각 상자의 영역이기 때문에, 샷 직전에는 이러한 생각과 행동 역시도 멈춰야 한다고 이야기합니다.

요약해보면, 샷을 하는 순간에는 생각을 인위적으로 줄이고 '그냥' 스윙하라고 비전 54는 강조합니다. 그리고 '중계방송'을 하듯 자신의 미스샷에 대해서 자책하지 말라고 조언합니다. 다음 샷에 전혀 도움이 되지 않기 때문입니다. 골프 심리에 '정답'은 없겠지만 고민 없이 스윙하고 결과를 그대로 받아들여야 한다는 것은 모든 심리학자들이 공통적으로 지적하는 내용이라는 점은 기억해두시면 좋겠습니다.

골프 영양학

06

골프 대회 중계를 보고 있으면, 선수들이 물을 마시거나 과일 등 간식을 먹는 모습을 보곤 합니다. 아마추어 골퍼들도, 라운드 중에 그늘집을 이용하거나 간단한 식음료 등을 별도로 준비하기도 합니다. 골프에 도움이 되는 식품 섭취 방법을 간단히 알아보도록 하겠습니다.

골프에서 소모되는 에너지량

캐나다의 골프 협회 RCGA Royal Canadian Golf Association에서 골프의 '영양 nutrition' 관련 리포트 〈Golf Nutrition – Eating Right to Win〉을 발표한 적이 있습니다. 카트 문화가 발달한 우리나라와는 상황이 다르지만, 골프에서 어느 정도의 에너지가 소모되는지, 라운드 전후나 도중에 어떠한 음식을 섭취하는 것이 좋은가에 대한 참고는 할 수 있었습니다.

리포트에 따르면 한 라운드 동안 골퍼는 평균적으로 약 227분의 시간을 소모하며, 최소 9000미터를 걷는 것으로 추정하고 있습니다. 약 2000~2500칼로리를 소모하게 되어 약 1.2킬로그램 정도의 몸무게가 줄어든다고도 합니다. 이 과정에 있어 탄수화물과 물의 중요성을 강조하고 있는데, 이는 경기에 임하기 전에 몸의 컨디션을 끌어올리는 데 있어서도 중요한 요소라고 강조합니다. 올바른 음식을 먹는 것은 실제 라운드 결과에도 영향을 미치는 것으로 조사되었습니다.

골프 라운드에 좋은 음식

프로 선수들은 식단관리가 엄격합니다. 라운드 3~4시간 전에 먹으면 좋은 음식도 정해져 있는데 바로 탄수화물입니다. 탄수화물에 대한 충분한 섭취는 권장하지만, 지방이나 식이섬유가 너무 많은 음식과 함께 먹는 것은 권장하지 않습니다. 배고픔을 느끼지 않도록 하는 것이 중요한데, 달걀을 이용한 요리는 포만감과 함께 필요한 영양소를 제공하는 좋은 음식입니다. 골프장으로 이동하기 전 달걀로 만든 요리를 간단하게 섭취하는 것이 도움이 될 수 있는 것이죠.

그런데 아마추어 골퍼가 라운드 전에 식단을 체계적으로 관리하긴 쉽지 않습니다. 오전 일찍 라운드를 하는 경우라면 더욱 그렇습니다. 이때는 라운드 30분 전에는 과일, 견과류, 탄수화물이 포함된 음식 등을 추천하는데, 과일 중에서는 바나나가 좋습니다. 라운드를 아침 일찍 시작한다면 밤사이에 혈당이 내려갔을 가능성이 높고, 이 경우 쉽게 피로를 느낄 수 있기 때문에 혈당치를 회복해줄 수 있는 음식이 필요합니다. 다만 라운드 직전에는 지나치게 포만감을 줄 정도의 음식 섭취는 권장하지 않습니다. 속이 불편할 수 있고, 소화를 하는 데 에너지를 소모할 수 있기 때문입니다.

라운드 이전에는 괜찮지만 라운드 도중에는 지나친 탄수화물의 섭취는 하지 않는 것이 좋습니다. 즉각적으로 에너지로 전환되지 않을뿐더러, 소화하는 데 시간이 걸리면서 포만감을 너무 오래 느

물과 함께 에너지 바를 함께 섭취할 준비하고 있는 그래놀라 같은 식품은 골프에 있어 도움이 됩니다. (출처: 그래놀라 하우스)

끼게 합니다. 바나나와 그래놀라 바 정도가 적당한데 전반에는 바나나를, 후반에는 그래놀라 바를 섭취하도록 권장하고 있습니다.

골프장에서 외부 음식물을 제한하는 곳들이 많긴 하지만, 간단한 에너지 바를 준비하거나, 당이 떨어질 것을 대비한 식음료 정도는 준비해두면 좋습니다. 어떤 음료와 음식을 먹을 것인지 결정하고 골프장에서 허용하는 범위 내에서 간식을 준비하는 것도 비즈니스 골프에서는 센스 있는 행동이 될 수 있습니다.

수분 섭취의 중요성

RCGA 리포트는 수분 섭취에 대해 구체적으로 시간과 양까지 가이드해주고 있습니다.

- 2시간 전에 최소 500ml 이상의 수분을 섭취하라.
- 30분 전 250ml의 수분을 섭취하라.
- 15분 전 250ml의 수분을 추가로 섭취하라.

라운드 이전에 1리터 정도의 물을 마시는 것이 좋다는 말입니다. 라운드 도중에도 꾸준하게 수분을 섭취할 것을 권장합니다. 하지만 음주는 수분 섭취가 아니니 맥주 등으로 수분 섭취를 할 생각은 하지

물은 또 하나의 골프 장비라고 불릴 만큼 중요합니다. (출처: 게티이미지)

않는 것이 좋습니다.

땀으로 인해 수분을 잃는 여름철에는 반드시 그 이상의 수분을 섭취할 것을 추천하고 있습니다. 스포츠 음료는 수분 손실을 좀 더 빠르게 회복시킬 뿐 아니라 탄수화물 성분도 있어서 컨디션 회복에 도움이 됩니다.

그런데 이렇게 수분의 중요성을 느끼면서도 커피나 맥주를 마시며 라운드를 즐기는 사람들이 있습니다. 혹시라도 부득이하게 이러한 음료를 마셨다면, 좀 더 수분을 많이 섭취하도록 신경 써야 합니다. (다시 한번 말씀드리지만, 음주는 수분 섭취가 아닙니다.)

골프 피트니스
- 근육과 유연성

07

나이가 들면 필연적으로 비거리가 떨어집니다. 중장년층 골퍼들은 대부분 겪는 현상이죠. 2~3년 전만 하더라도 7번 아이언으로 공략할 수 있던 거리가, 이제는 6번 아이언으로도 버겁다는 이야기도 자주 듣습니다. 골프의 퍼포먼스에 영향을 미치는 장비의 순서는 골퍼 > 골프 클럽 > 골프볼이라 할 수 있습니다. 특히 비거리 저하 같은 문제는 골퍼의 문제일 가능성이 높습니다. 따라서 그 해결책 역시 골퍼에게서 찾아야 합니다. 중장년층이라면 신체적 능력을 살펴보는 것도 문제해결의 출발점이 될 수 있습니다.

타이거 우즈는 좋은 골퍼가 되기 위해서는 체력 단련이 중요하다는 인식을 심어주었습니다. 하지만 타이거 우즈조차 '달리기'에 집착했던 것이 결국 자신의 몸, 특히 무릎을 망치고 말았다며 "너무 많이 달리지 말라"고 조언하며 후회를 하기도 했습니다.

골프에 좋은 체형이 단거리 달리기 선수 체형인가, 장거리 달리기 선수인가에 대한 오랜 논쟁이 있었습니다. 전통적인 견해에서는, 골프에 근육은 크게 중요하지 않으며, 그보다는 유연성과 슬림함이 더 유리하다고 보았습니다. 최소 4시간은 플레이를 해야 하니, 지구력이 필요하다는 의견도 있었습니다. 그래서 결론적으로 유산소 운동을 해야 한다고 강조하는 사람들도 있습니다.

하지만 최근 코스가 장타자에게 유리하게 변하면서, 골프 스윙의 힘과 속도를 올리는 것이 유리하다는 의견이 나오고 있습니다. 골프 피트니스의 트렌드가 바뀌었고, 마라톤 선수가 아니라 단거리 스프린터의 모습이 현대 골퍼의 모습에 더 가까워진 것이죠.

아마추어 골퍼들 사이에서도, 적절한 근력 운동을 해서 올바른 근육을 발달시키는 것이 중요하다는 인식이 확산하고 있습니다. 물론 이러한 근육 사용을 효율적으로 극대화할 수 있는 유연성을 키우는 것도 중요하고요.

🌐 하체 훈련

골프에선 하체가 중요하다는 말을 많이 합니다. 그만큼 하체가 안정적이면 스윙을 할 때 더 유리합니다. 골프뿐 아니라 거의 모든 운동에서 중요한 근육이 있습니다. 바로 대둔근, 허리 아래쪽의 엉덩이 근육입니다.

대둔근이 발달하지 못하거나 지나치게 경직되면 골반 회전에 제약이 따를 수밖에 없습니다. 무엇보다 스윙을 하다가 부상을 입을 수 있습니다. 대둔근은 백스윙과 다운스윙 시에 골반회전을 주도할 뿐만 아니라, 피니쉬를 위한 안정적인 자세를 유지하는 데 있어 가장 중요한 근육이기 때문입니다.

그래서 대둔근을 골프 스윙의 왕King of Swing이라고 표현하기도 합니다. 적어도 골프를 좀 잘 치고 싶은 분들은 반드시 대둔근 강화 훈련을 해야 합니다. 대둔근을 강화하는 대표적인 운동은 스쿼트와 런지입니다. 스쿼트와 런지 자세는 유튜브 등에서 찾아볼 수 있으니 바른 자세로 매일

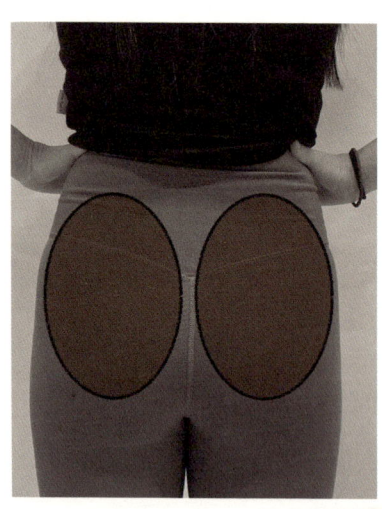

골프 스윙의 '킹(King)' 대둔근의 모습, 골프 스윙에서 가장 중요한 근육입니다. (출처: Fitness Candy)

운동하시길 추천합니다.

🏌 상체 훈련

하체 근육 훈련에서는 대둔근이 절대적인 역할을 하지만, 상체는 좀 더 다양한 근육을 씁니다. 얼핏 보면 상체의 모든 근육이 중요한 것처럼 보이기도 합니다. 굳이 중요성의 순서대로 이야기하자면, 가슴 근육, 등 근육 그리고 팔 근육입니다. 이 근육들이 발달하면 어깨 회전이 강화되고, 임팩트 순간까지 클럽 스피드를 끌어올리는 데 도움이 될 수 있습니다. 즉 비거리 향상에 필수적인 근육들이라고 볼 수 있죠.

이러한 근육을 효율적으로 사용하기 위해서는 '코어' 근육이 발달되어야 합니다. 코어 근육은 척추, 골반, 복부를 지탱하는 근육을 모두 통칭합니다. 가슴-등-팔 근육이 스피드를 올려주는 근육이라면, 코어 근육은 상체와 하체가 조화를 이루도록 돕는 역할을

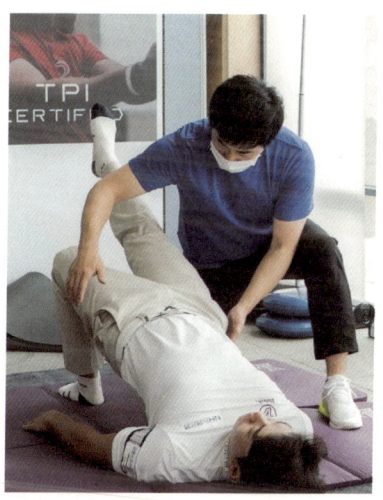

골프에서 피트니스의 중요성은 더 강조되고 있습니다. 골퍼의 신체능력을 테스트하는 모습. (출처: TPI)

합니다. 몸통의 회전을 주도하면서 하체와 상체의 힘이 잘 어우러지도록 하죠. 코어가 무너지면, 스윙 스피드를 올리려고 할 때 자세가 무너지는데, 특히 척추 각도가 무너지게 됩니다. (개인적으로 아마추어의 스윙에서 척추 각도 유지가 가장 중요한 요소라고 생각합니다.)

엑스팩터

골프에서는 각종 '팩터Factor'라는 표현이 많이 등장합니다. 대표적인 것이 클럽 스피드와 볼 스피드의 비율인 스매시 팩터Smash Factor입니다. 즉, 볼 스피드를 클럽 스피드로 나눈 값을 통해 임팩트의 효율성을 측정하는 수치입니다. 최근 각광을 받고 있는 스튜디오형 연습장의 시뮬레이터에서 주로 나오는 수치죠.

엑스팩터X-Factor라는 말은 일반인에게는 조금은 생소할 수 있는데, 짐 매클린이라는 교습가에 의해서 유명해진 개념입니다. 바로 백스윙을 했을 때, 골반과 어깨의 상대적인 각도 차이를 지칭하는 용어입니다. 상하체의 꼬임의 정도라고 생각하시면 됩니다. 이 각도를 얼마나 크게 가져가느냐에 따라서 클럽 스피드를 낼 수 있는 잠재력이 커진다고 볼 수 있습니다.

잠재력이라고 표현한 이유는 엑스팩터 수치가 높다고 해서 반드시 좋은 결과를 얻는다고 보기 어렵기 때문입니다. 자신의 역량을 넘어서서 과도한 어깨 턴 혹은 몸통 회전을 할 경우에는 오히려 샷 결과에 손해를 보게 되는 미스샷의 원인이 될 수 있습니다.

하체의 안정성, 그리고 상체 근육의 상태를 무시하고 세게만 치려는 시도는 오히려 역효과를 가져올 수 있습니다. 보통 80% 정도의 힘만으로 스윙하라고 조언하는 이유 역시 자신의 신체적인 역량을 벗어난 스윙을 하지 않는 것이 좋기 때문입니다.

유연성

근력만큼이나 유연성도 중요합니다. 유연성이란 관절 및 이를 에 워싼 근육·인대에 의하여 움직여지는 관절 운동의 가동성可動性을 말합니다. 즉, 관절 운동이 어느 정도 가능하냐에 따라 유연성을 가늠하죠. 논쟁의 여지없이, 유연성이 좋은 사람이 골프를 칠 때도 유리합니다. 좋은 샷을 내고 좋은 스코어를 낼 뿐 아니라 자세도 훌륭하죠.

많은 사람들이 머릿속으로는 이상적인 스윙을 그리고 있을 겁니다. 하지만 스윙하는 자신의 실제 모습을 보면 다들 절망하죠. 이렇게 이론과 실제가 다른 이유는 여러 가지가 있겠지만, 저는 보상 동작에서 그 원인을 찾고 있습니다. 스윙을 할 때 이상적인 동작을 할 수 없게 만드는 어떤 요소가 있는데, 그 요소를 없애기 위해 비정상적인(?) 동작을 하게 되는 것입니다.

예를 들어 볼까요? 스웨이 혹은 슬라이드라고 하는 동작이 있습니다. 백스윙이나 다운스윙을 할 때 몸이 좌우로 심하게 이동하는 행동을 말합니다. 머리를 고정시킨 채로 회전하는 게 '이상적인' 동작이지만, 유연성이 나쁘거나 어떤 이유로 그 동작을 할 수 없으니 스윙을 하기 위해 회전하는 게 아니라 수평이동을 하는 것입니다.

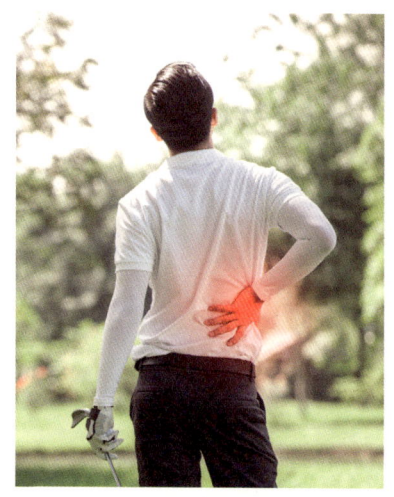

스윙 자세가 잘못되거나 유연성이 부족하면 부상으로 이어지게 됩니다. (출처: 게티이미지)

보기에는 좋지 않지만, 그 골퍼의 입장에서는 최선의 선택을 한 것이니, 이를 가지고 비난을 할 이유는 없습니다. 모두가 타이거 우즈나 로리 매킬로이처럼 스윙할 수는 없으니까요.

그런데 이 유연성은 안정성이 밑받침되어야 합니다. 특히 유연성을 관절이라는 부분에 한정하여 본다면, 유연성(가동성)만큼이나 필요한 것이 바로 '안정성 Stability'입니다.

옆의 그림은 자세히 살펴볼 필요가 있습니다. 골프 피트니스에서 독보적인 위치를 차지하고 있는 TPI Titleist Performance Institute에서 많이 인용되는 자료입니다. 골프를 할 때 유연성 Mobile이 필요한 관절 부위와 안정성 Stable이 필요한 관절 부위가 다르다는 것을 보여주고

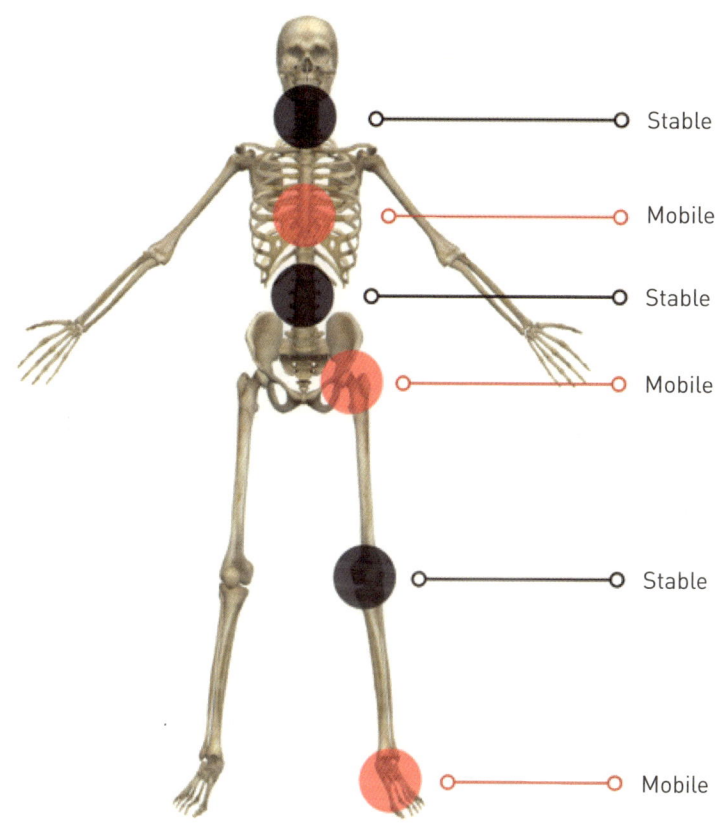

골프에서 안정성 및 유연성(가동성)이 필요한 부위는 서로 다릅니다. (출처: TPI)

있습니다. 골반의 고관절에는 유연성이 필요하지만, 경추(목뼈)에는 안정성이 필요합니다. 또한 발목은 유연한 것이 좋지만, 무릎에는 안정성이 필요합니다. 무릎의 안정성이 무너지면 스윙이 무너지게 됩니다.

유의할 점은 사람마다 유연성이 다르다는 점입니다. 예를 들어, 발목에 유연성이 필요하다고 해서 발목이 안 좋은 사람에게 과도한 발목 회전을 요구하는 스윙을 강요해서는 안 됩니다. 멋진 스윙을 포기하자는 것이 아니라, 골퍼마다 신체적인 제한이 있을 수 있다는 점을 인지하고, 그에 맞게 무리하지 않는 스윙을 해야 한다는 말입니다. 유연성이 필요한 부분은 운동 전후로 스트레칭을 하는 게 좋습니다. 관절 주변 근육을 풀어주고, 스윙할 때 유연성이 필요한 부분은 좀 더 집중해서 스트레칭하면 좋습니다.

100명의 골퍼에게는 100가지의 스윙 모습이 존재합니다. 우리의 몸은 모두 다르기 때문이죠. 이런 사실을 인지하는 것만으로도 골프에 대한 스트레스가 조금은 줄어들 수 있지 않을까 합니다.

BUSINESS GOLF

골프 코스에 대한 이해

08

　국내만 해도 500여 개의 골프장이 있습니다. 그중에는 유난히 자신과 궁합이 잘 맞아서 스코어가 잘 나오는 골프장이 있는가 하면, 이상하다 싶을 정도로 플레이하기가 쉽지 않은 골프장이 있습니다. 그래서 특정 골프장에 대한 호불호가 갈리기도 합니다. 물론 가장 좋은 골프장은 자신이 가장 낮은 스코어를 기록한 곳이라는 우스갯소리도 있으니, 골프 코스와 골프 스코어는 밀접한 연관성이 있는 것 같습니다.

우리가 방문하는 골프장을 잘 살펴보면, 단순히 보기에 좋은 골프장인지, 플레이하기에 즐거운 골프장인지 구분할 수 있습니다. 물론 즐겁다는 것이 단순히 타수가 적게 나온다는 뜻은 아닙니다. 골프 코스의 아름다움을 느끼고, 동반자들과의 즐거움을 찾는 것도 재미가 있지만, 골프장의 레이아웃 등을 잘 살피면서, 골프 코스가 의도하는 챌린지를 살펴보고, 이를 극복해낼 방안을 고민하며 치는 것도 골프의 또 다른 즐거움입니다. 골프 코스의 가치를 느끼기 위해서는, 티잉 구역에서 그린을 바라보는 것이 아니라, 그린 쪽에서 티잉 구역 방향을 바라보는 것이 좋습니다. 골프장의 아름다움을 느끼기 위한 이유도 있지만, 실제로 반대편에서 골프 코스를 바라보게 되면, 골프장의 위험 요소나 코스의 설계 철학이 훨씬 더 잘 느껴지기 때문입니다.

골프 코스의 구성

골프 코스를 이해하기 위해서는, 우선 코스가 어떻게 구성되어 있는지 살펴볼 필요가 있습니다. 골프 코스는 크게 5가지 '코스의 구역'으로 나눕니다. 그 첫 번째가 골퍼들의 플레이가 대부분 이루어지는 일반 구역이며, 나머지 4개의 구역은 1) 티잉 구역, 2) 페널티 구역, 3) 벙커, 4) 퍼팅 그린으로 이루어집니다.

일반 구역과 나머지 구역을 나누는 이유는 각 구역마다 별도의 골

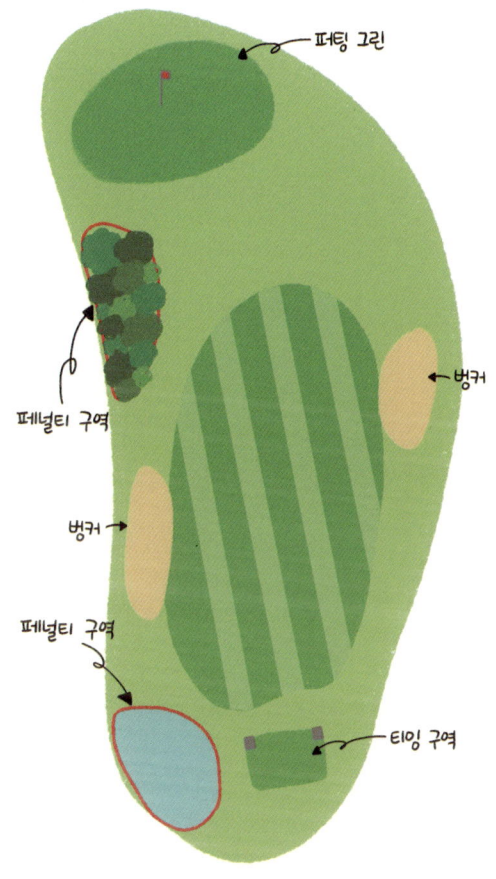

프 규칙이 적용되기 때문입니다. 예를 들어, 일반적인 상황에서는 볼을 집어 올려서 닦고 다시 내려 놓을 수는 없습니다. 하지만 이러한 행동이 허용되는 구역이 있습니다. 바로 퍼팅 그린입니다. 일반 구역에서는 허용되지 않지만, 퍼팅 그린이라는 구역에서는 골프 규칙이

2부 플레이할 때 알아야 할 것들 **147**

다르게 적용되는 것이죠. 아주 당연히 여기는 규칙이지만 '일반 구역'이 아닌 '퍼팅 그린'이라는 특수한 구역에서는 예외가 적용된 것입니다. 즉, 골프는 5개의 서로 다른 구역이 모인 하나의 골프 코스에서 각 구역에 적용되는 규칙 안에서 플레이하는 것입니다.

골프 코스 설계에는 디자인한 사람의 철학이 담기게 되는데 이는 시대별로 유행을 타기도 합니다. 예를 들어, '미니멀리즘Minimalism'이 기본 철학으로 받아들여지던 때에는 골프장의 인위적인 요소를 최대한 배제해서 설계합니다. 그런데 골프 코스 디자인에 대해서 좀 더 알아보기 위해서는, '파Par'의 정의를 살펴볼 필요가 있습니다. 골프 코스의 디자인은 결국 난이도와 관련이 있기 때문입니다. USGA는 '파'의 정의를 아래와 같이 내리고 있습니다.

> The score that a scratch player would generally be expected to achieve on a hole under normal course and weather conditions, allowing for two strokes on the putting green.
> (스크래치 골퍼가 정상적인 골프 코스와 날씨 상황에서 플레이하면서, 퍼팅 그린에서 2 스트로크 정도를 하는 수준의 스코어.)

즉, 핸디캡이 0인 골퍼가 퍼팅 그린에서 2퍼트를 하는 수준에서 기대할 수 있는 스코어라는 것입니다. 예를 들어, 파4는 퍼팅 그린에서 2퍼트, 그리고 퍼팅 그린에 올리기까지 2타 안에 올려야 하는 것입니다. 그래서 파4에서 2번에 그린에 올리게 되면 '파 온Par On'을 했다고 합니다. 그런데 여기서 중요한 것이 바로 이 스코어를 '스크래치 골퍼'가 일반적으로 기록할 수 있다는 것입니다. 더 쉽게 말하면, 일반인이 '파'를 한다는 것은 '아주 어려운 일을 해낸 것'으로 생각해도 됩니다(스스로에게 박수를 보내셔도 됩니다). 이러한 파의 정의에 입각해서, 우리는 코스 내에 파3, 파4, 파5 등의 홀을 배치하고, 이를 조절하여 난이도를 조절하게 되는 것입니다.

파	남자	여자
3	최대 2600야드(240미터)	최대 2200야드(200미터)
4	240~4900야드(220~450미터)	최200~4000야드(180~380미터)
5	450~7100야드(410~650미터)	370~6000야드(340~550미터)
6	6700야드 이상(610미터 이상)	5700야드 이상(520미터 이상)

USGA가 정의한 거리별 파 설정 기준. 남자의 경우 파4는 220미터에서 450미터 사이에서 만들라고 하는 일종의 가이드라인이 될 수 있습니다.

 **티잉 구역**

　제가 자주 라운드 하는 모임 중 꼭 블루 티에서만 플레이하는 그룹이 있습니다. 컨디션이 좋을 때에는 블루 티에서 친다고 해서 플레이가 망가지시 않지만, 가끔은 절망적인 스코어를 기록하기도 합니다.

블루 티 혹은 블랙 티라고 부르는 티잉 구역은 홀과의 거리가 멀기 때문에 경우에 따라 스코어 차이가 크게 날 수 있습니다.

골프 코스에는 다양한 티잉 구역이 있습니다. 보통 블루 - 화이트 - 레드와 같은 식으로 색깔로 구분되는 경우가 많습니다. 티잉 구역이 다양한 이유는 플레이어 그리고 코스의 '핸디캡'과 연관이 있습니다. 앞서 언급한 '파' 역시도 골퍼들의 실력에 따라서 그 기준이 달라질 수 있기 때문에, 같은 골프 코스에서 치더라도 '파'를 위한 난이도가 모두 다를 수 있는 것이죠. 그래서 실력에 따라서 티잉 구역을 다르게 사용하는 것은 플레이어들의 스코어를 어느 정도 '보정'해주는 역할을 합니다.

자신의 실력에 비해 너무 긴 거리의 코스에서 플레이하는 것은 꽤나 부담이 될 수 있습니다. 그래서 과연 어떤 티잉 구역에서 티샷을 해야 할지 고민하는 사람들이 많은데, 이때 사용할 수 있는 간단한 방법 중 하나가 '5번 아이언 비거리에 36을 곱하는 방법'입니다. 5번 아이언 거리가 150미터라면, 약 5400미터 거리의 전장을 가진 코스가 이상적입니다. 170미터 정도를 5번 아이언으로 칠 수 있는 골퍼라면 6120미터 정도의 거리에서 플레이하면 좋겠죠. 이 방법은 골프 교습 아카데미 애슬레틱 모션 골프 Athletic Motion Golf에 소개된 방식으로, 공인된 방법은 아닙니다. 하지만 자신이 어느 티잉 구역에서 플레이하는 것이 좋을지 간단히 가늠해볼 수 있는 방법입니다.

골프 코스 공략법

골프 코스는 축구장이나 야구장과 같이 규격이 정해져 있지 않습니다. 골프 중계를 보면 대회마다 코스의 모양이나 길이가 다른 것을 볼 수 있습니다.

방어가 최선의 공격이다

'공격이 최선의 방어'라는 말이 있긴 합니다만, 골프에서는 지나치게 공격적인 플레이가 도움이 되지 않는 듯합니다. 공격적인 플레이로 인해서 얻게 되는 이득보다 공격이 실패했을 때의 손실이 더 클 때가 많기 때문입니다. 아마추어 경기에서는 더 그렇죠.

예를 들어, 여러분의 드라이버가 평균적으로 200미터, 아주 잘 맞았을 때 215미터 내외의 비거리를 기록한다고 가정해보겠습니다. 어떤 홀에서 200미터 전방에 가로로 길게 뻗은 페널티 구역이 있고, 이 페널티 구역을 넘기기 위해서는 210미터 정도를 쳐야 한다면, 이때 여러분은 어떤 선택을 할 건가요? 직접 넘겨 치겠다는 욕심이 나지 않으시나요? 210미터를 넘겨 치기로 한 결정이 제대로 실현만 된다면 쾌감이 느껴질 겁니다. 하지만 안타깝게도, 넘겨 치겠다는 의욕이 커지는 만큼 미스샷의 확률 역시 커집니다. 즉, 스코어를 줄이겠다는 목적이 있다면 코스의 공략은 조금 보수적으로 하는 것이 낫습니다.

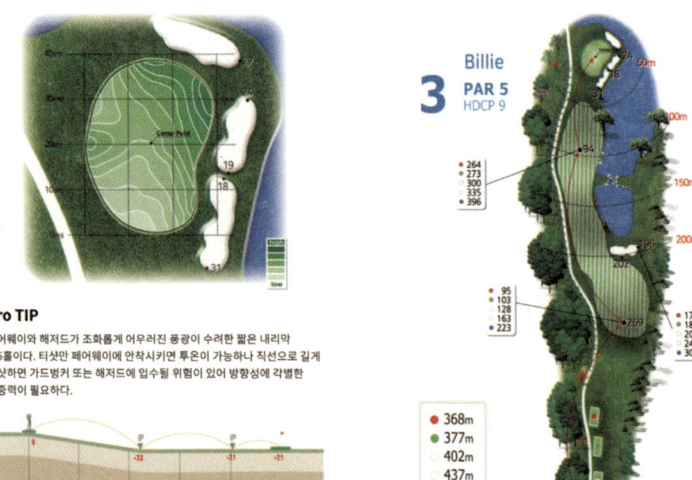

Pro TIP
페어웨이와 해저드가 조화롭게 어우러진 풍광이 수려한 짧은 내리막 파5홀이다. 티샷만 페어웨이에 안착시키면 투온이 가능하나 직선으로 길게 티샷하면 가드벙커 또는 해저드에 입수될 위험이 있어 방향성에 각별한 집중력이 필요하다.

더 크로스비 빌리 코스 3번 홀의 모습. 티잉 구역에 서면 잘 보이지 않는 많은 위협들이 도사리고 있습니다. (출처: 더 크로스비 골프 코스)

캐리 거리가 중요하다

코스 공략에 있어서 위험 요소를 피할 때에는 '거리' 개념이 굉장히 중요합니다. 이러한 요소들을 피해 갈지 혹은 맞서서 공략할지에 대한 판단 기준이 '총거리'인 경우가 많기 때문입니다. 그런데 여기서 총거리라고 하는 요소를 조금 더 뜯어볼 필요가 있습니다. (총거리와 비거리가 같은 개념으로 쓰입니다만, 비거리는 캐리 거리에 가깝다고 봐야 합니다.)

클럽별 총거리는 날아간 캐리 거리와 굴러간 롤Roll 거리를 합친 것입니다. 이 두 거리의 차이점은 바로 예측 가능성입니다. 캐리 거리는 예상할 수 있는데 비해, 롤 거리는 상황에 따라 달라질 수밖에 없습니다. 예를 들면, 골프볼이 떨어지는 환경, 특히 코스의 상태에 따라서 크게 달라지기 때문입니다. 특히 비가 온 직후와 같은 소프트한 페어웨이에서는 롤 거리가 줄어들 수밖에 없습니다.

티샷의 예를 들어보겠습니다. 자신의 드라이버 샷이 잘 맞았을 때의 거리가 215미터라고 한다면, 이는 캐리와 롤 거리를 합친 총거리 개념일 겁니다. 페널티 구역을 벗어나기 위해서 210미터를 쳐야 한다고 할 때에는 캐리 거리로 210미터 이상을 쳐야 한다는 의미이므로, 자신의 최대 비거리와는 차이가 있을 수 있습니다.

트랙맨으로 측정한 데이터. 캐리 거리와 함께 총거리(Total)가 분리되어 표기되어 있습니다. (출처: 트랙맨 홈페이지)

이러한 관점에서 자신의 클럽에 대한 캐리 거리를 인지하는 노력을 하는 것이 중요합니다. 골프는 변수를 줄이는 것이 중요하다는 점에서 변수에 해당하는 롤 거리는 의사결정 과정에서 최대한 배제하는 것이 좋기 때문입니다. 그래서 기회가 될 때마다 클럽별 비거리를 캐리 거리로 파악해보는 노력이 필요합니다

그린 위 깃대 공략

오래 전에 해외에서 투어를 뛰고 있는 선수와 라운드를 할 기회가 있었습니다. 라운드를 하고 나서 조언을 구했더니 한 가지 이야기를 해주었습니다.

골프장의 그린을 내려다본 모습. 깃대 위치에 따라 골프장의 위험요소들이 더 부각될 수 있습니다. (출처: 게티이미지)

"왜 무조건 그린 위의 깃대만 보고 치세요?"

그러고 보니, 저는 그린을 공략할 때 깃대만 보고 치고 있었습니다. 문제는 이 깃대의 위치가 늘 그린 중앙이 아니라는 것이었습니다. 여러분은 어떤가요? 혹시 그린 공략을 위해 깃대만을 목표로 하고 있지는 않은가요?

당시 제가 들었던 조언은 깃대와 그린 중앙 사이를 공략하라는 것이었습니다. 이는 좌우뿐만이 아니라 그린의 전후 공략에 있어서도 마찬가지입니다. 깃대가 그린 뒤쪽에 치우쳐 있을 때 조금이라도 길게 치게 되면 그린을 놓치게 되고, 너무 앞에 있는 경우라면 그린에 미치지 못하는 결과가 나오게 됩니다. 이런 경우 문제는 다음 리커버리 샷도 만만치 않은 경우가 대부분이라는 것입니다. 즉 그린의 시작점과 깃대 사이의 공간이 많지 않다 보니, 정확한 스핀 컨트롤이나 공략이 쉽지 않게 되는 것이지요. 이보다는 어떻게든 그린에 공을 올린 이후에 퍼트를 통해서 홀을 공략하는 것이 더 현명한 방법이 될 수 있습니다.

벙커

1부에서 티잉 구역에 대한 규칙 설명을 하면서 티잉 구역에 대해 간략한 소개를 드린 바 있습니다. 앞서 언급한 코스를 구성하는 5가지 공간 중 아마추어 골퍼들이 더 신경 쓰는 공간이 있습니다. 바로 벙커와 퍼팅 그린입니다. 가장 공략하기 어려운 곳이기 때문입니다.

벙커가 있는 이유

준비된 사람과 준비되지 않은 사람의 실력 차이가 가장 극명하게 드러나는 곳이 바로 벙커입니다. 벙커는 모래로 특별하게 조성된 구역으로 풀이나 흙이 제거된 채 움푹 꺼져 있습니다. 지금은 골프 규칙상에서 해저드라는 표현을 쓰고 있지는 않지만, 벙커는 해저드의 하나로 간주되어 왔고, 원활한 경기 진행을 어렵게 만드는 장해물이라고 볼 수 있습니다.

골프 코스에 벙커를 만드는 이유는 크게 3가지 정도로 요약됩니다.

1. **골프볼이 떨어지는 '랜딩 구역**Landing Area**이 어디인지를 알려주는 역할을 함**
2. **골프 코스를 시각적으로 더 돋보이게 하는 역할을 함**
3. **골프 코스를 전략적으로 챌린지하게 만들어주는 역할을 함**

2번의 요소는 골프장을 더욱 골프장답게, 그리고 심미적으로 아름다운 골프장을 만드는 데 기여한다는 말입니다. 그래서 일부 골프장은 벙커의 모래 색깔 그리고 재질까지 고려해서 벙커에 많은 공을 들이기도 합니다.

골프 코스에서 벙커는 정말 위협적입니다. (출처: 게티이미지)

　1번과 3번의 경우에는, 결국 코스의 공략이라는 측면에서 골퍼에게 전략적 판단을 요구하게 만든다는 의도를 가지고 벙커를 만든다는 것입니다. 페어웨이 주변 벙커의 경우, 정확한 티샷을 하지 못했을 때, 페어웨이 주변 벙커에 떨어지는 경험을 많이 하셨을 겁니다. 이는 티샷의 공이 떨어지는 위치에 벙커를 많이 배치했을 가능성이 높기 때문입니다. 그린 주변 벙커들의 경우에는 좌우뿐만 아니라 전후에도 배치되어 골퍼들에게 거리에 대한 정확성 역시 요구하고 있는 것입니다.

벙커의 개수보다는 위치가 중요하다

초창기 골프 코스에는 벙커가 약 150~200개까지 있었다고 합니다. 오로지 더 많은 '트러블'을 주겠다는 것이 목적이 아니었나 합니다. 그런데 벙커를 유지하고 보수하는 데 비용이 많이 들자 점차 개수를 줄여나갔다고 합니다. (참고로 미국에서는 '대공황' 이후 벙커의 개수가 급격하게 줄어들었습니다.)

통계를 보면, 골프장의 벙커 개수는 80~100개인 것이 일반적이지만, 이에 비해 아주 적거나 많은 골프장들도 있습니다. 마스터스가 열리는 오거스타 내셔널Augusta National에는 44개의 벙커(32개의 그린 주변 벙커와 12개의 페어웨이 벙커)만 있으며, U.S. 오픈을 9번이나 주최했

골프장 그린 주변의 위협적인 벙커들. (출처: 게티이미지)

던 오크몬트Oakmont 골프장에는 무려 180개 이상의 벙커가 도사리고 있습니다.

벙커의 활용 그리고 연습

벙커는 분명 장해물에 가까운 요소입니다. 그런데 벙커 중에는 '활용' 가치가 높은 벙커가 있습니다. 일반 골퍼들에게 코스 내의 다양한 벙커는 '조준'의 목적으로 활용될 수 있습니다. 자신의 골프볼이 떨어질 위치와는 관계없이 아주 가깝게 혹은 아주 멀리 있는 벙커를 직접 조준하거나, 벙커와 페어웨이의 경계선을 활용해서 치는 방법도 있습니다. 그리고 일부 벙커, 특히 '세이빙Saving' 벙커라고 불리

벙커샷을 어떻게 해야 하는시 이론적으로는 알고 있지만 벙커샷 연습량은 상대적으로 적습니다. (출처: 게티이미지)

는 벙커들은 골프볼이 떨어진 이후 코스를 벗어나지 않도록 도와주는 '안전지대'의 역할을 해주기도 합니다. 예를 들어 페어웨이에 좌우 경사면이 있어서 골프볼이 한쪽으로 흐를 수밖에 없는 경우에는 OB가 나지 않도록 골프볼을 잡아주는 역할을 하게 되는 것이지요.

그런데 이렇게 벙커를 활용한다는 생각을 할 때에는, 벙커에 빠진 골프볼을 빼낼 수 있는 스킬이 있어야 한다는 전제가 있습니다. 많은 교습가들 혹은 전문가들이 벙커에서는 '우선 빠져나오는 것이 먼저다'라고 이야기합니다. 거리 조절까지 바라지 말고 우선은 한 번에 나오는 것이 중요하다는 것이지요. 많은 영상물들을 통해서 골퍼들이 어떻게 벙커샷을 하는지는 많이 보셨을 겁니다. 하지만 우리가 실제로 '연습'할 기회는 많지 않습니다. 안타깝게도 벙커샷을 잘하는 방법은 실제 벙커 환경에서 연습을 해보는 것밖에 없습니다. 최근 일부 골프 연습장은 벙커샷 환경을 조성하고 있으니, 꼭 시간을 내어서 그러한 연습장에서 벙커샷 연습을 해보기를 권합니다.

퍼팅 그린

골프의 결과가 만들어지는 곳

골프는 결국 스코어를 줄이는 것이 목표입니다. 그리고 그 스코어의 결과가 나타나는 곳이 바로 퍼팅 그린입니다. 실력 차이가 가장 많이 나는 공간이지만, 반대로 실력을 올릴 수 있는 기회가 가장 잘 주어지는 공간이기도 합니다. 그런데 그 중요성에 비해 너무나 간과되고 있는 구역이기도 합니다. 연습의 결과가 가장 확실하게 나타나는 공간임에도 불구하고 가장 준비가 되지 않은 공간이죠.

숫자로 표현되는 그린 스피드

퍼팅 그린은 매우 중요한 공간이므로 제대로 파악해야 합니다. 라운드를 가게 되면, 시작 전 혹은 첫 홀에서 캐디에게 하는 질문들이 몇 가지 있습니다. 예를 들어 그린 위 홀의 상대적인 위치를 묻는다거나 전반적인 코스 상태를 확인해보는 것입니다.

스팀프 미터를 활용해 그린의 빠르기를 측정하는 모습. (출처 : 더 크로스비 골프 클럽)

이러한 질문 중에 그린이 얼마나 빠른지를 묻는 경우가 있습니다. 그러면 '2.5', '2.7'과 같은 숫자로 답하는 것을 들어본 적이 있을 겁니다. 이 숫자는 그린의 빠르기를 수치화한 것입니다. 바로 스팀프 미터라는 도구를 활용해서 측정된 수치입니다.

원리는 간단합니다. 홈이 파여 있는 파이프 모양의 막대 위에 볼을 올려놓았다가, 한쪽을 들어올리기 시작하면, 특정 기울기가 되었을 때 골프볼이 그린 위로 굴러가는데, 이때 굴러간 거리를 측정해서, 숫자로 표현하는 것입니다. 참고로 약 22도 정도를 기울였을 때 골프볼이 굴러가도록 설계되어 있습니다.

스팀프 미터를 이용해 그린을 측정하기 위해서는 일반적으로 3개의 골프볼로 방향을 바꾸어 측정하는데, 보통은 경사면이 아닌 평지를 기준으로 측정하게 됩니다. 경사면에 따른 그린 스피드 차이를 확인하는 것은 의미가 없을 수 있기 때문입니다. 이러한

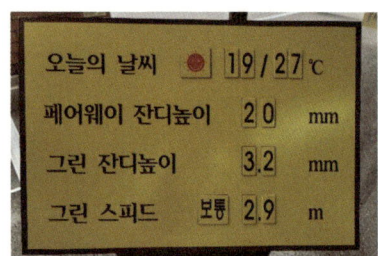

골프장을 유심히 보면, 다양한 형태로 그린 스피드가 숫자로 표기되어 있는 것을 볼 수 있습니다.

테스트 이후, 평균 수치를 구해 그린의 빠르기를 숫자로 표현하게 됩니다.

그린의 빠르기가 2.7이라면, 스팀프 미터를 통해 골프볼이 굴러가는 평균 거리가 2.7미터 정도라는 뜻입니다. 골퍼가 이러한 측정방식을 알 필요는 없지만, 숫자가 높을수록 그린에서 볼이 구르는 속도가 더 빨라진다는 점, 그리고 그린의 속도가 빨라질수록 그린의 브레이크에 의해 볼이 더 많이 영향을 받는다는 점 정도는 기억하는 것이 좋습니다. 첫 3~4홀 정도에서 그린의 빠르기를 최대한 빨리 파악하는 것이 그날의 스코어에 가장 큰 영향을 미칠 수 있다는 점을 기억해야 합니다.

라운드 시작 전 연습 그린 주변에서 그린 스피드를 확인해보는 것은 어떨까요?

이러한 관점에서, 코스에는 속하지 않지만, 골퍼들이 처음 그린을 접하게 되는 연습 그린의 활용이 중요합니다. 2.5 혹은 2.7과 같은 숫자에 익숙하지 않다면, 적어도 연습 그린에서의 테스트를 통해 그날의 그린 빠르기를 유추해볼 수 있습니다. 몇 번의 퍼트를 한 이후에, 캐디에게 실제 그린과 연습 그린의 차이를 묻는 것은 성공적인 라운드의 시작을 위한 중요한 과정이 될 수 있습니다.

골프 샷의 결과와 그 원인

09

골프가 잘 안 되는 데는 100만 가지 이유가 있다고 합니다. 그에 비해서 잘 되는 이유는 한 가지라고 합니다. '그냥 잘 맞는 것'이죠. 그래서 골프가 잘 안 되는 날은 수십 수백 가지의 안 좋은 결과의 조합이 발생하는 것이죠.

골퍼들은 가끔 이런 말을 합니다.

"야구는 움직이는 볼을 치는 것이니 안타를 못 칠 수도 있지만, 골프는 정지해 있는 볼을 치는데 왜 이렇게 어려울까?"

실수한 샷의 결과로 인해 골프가 싫어지는 마음이 들 때도 있습니다. (출처: 게티이미지)

그런데 골프가 어려운 게 당연한지도 모르겠습니다. 골프가 가진 고유의 특성 때문인데, 바로 모든 샷이 거리의 정확성과 방향의 정확성을 동시에 갖춰야 한다는 것입니다.

야구와 비교를 해볼까요?

야구는 1루와 3루 베이스 사이로만 공을 떨어뜨리면 안타가 될 확률이 있습니다. 짧게 치면 1루타, 경기장을 벗어날 정도로 치면 홈런이라고 해서 모든 '안타'에 대해 어느 정도의 가치가 부여됩니다. 야구에서는 3할 타자 정도만 되더라도 능력 있는 선수로 불리며, 심지어 '부챗살 타격'이라고 해서 폭넓게 안타 구역을 만드는 것도 장점이 되죠.

하지만 골프에서 '3할' 타자가 된다는 것은 '골퍼'로서는 실패한 것과 다름이 없습니다. 게다가 '와이파이Wi-Fi'라고 불리는 샷, 즉 와이파이를 표시하는 기호와 같이 폭넓게 골프를 치는 것은 전혀 환영받을 일이 아니죠. 설령 방향성이 좋다고 하더라도, 클럽별로 늘 일정한 거리를 보내야 하는 또 하나의 어려운 '압박'을 늘 받게 됩니다. 그러니 아무리 정지해 있는 골프볼을 치더라도 어렵다는 것이 당연합니다.

샷 결과를 좌우하는 2가지 -스윙 궤도와 클럽 페이스

지금까지 제가 설명한 골프의 기본 요소를 잘 이해한다고 하더라도, 결국 샷의 결과는 볼과 클럽이 만나는 순간의 2가지 조합에 의해 좌우됩니다.

첫 번째는 스윙의 궤도, 즉 임팩트 시점을 기준으로 클럽이 어떻게 이동하는지입니다

두 번째는 임팩트 순간의 클럽 페이스가 어디를 향해 있는지입니다. 즉, 클럽 페이스가 열려 있는지 닫혀 있는지의 상태입니다.

이 2가지의 조합을 통해 바로 다음과 같은 9가지 볼 비행이 나타나게 됩니다.

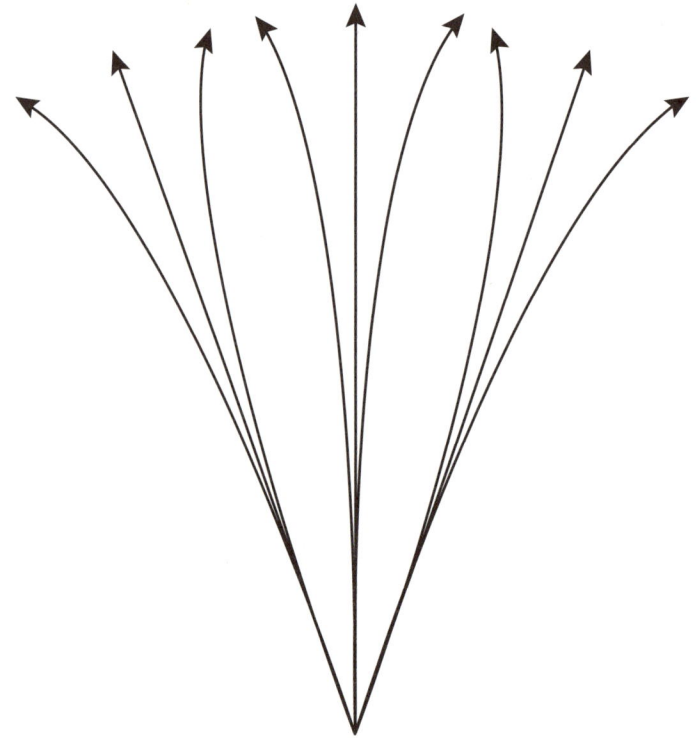

그런데 이러한 볼 비행에 대한 원인을 분석하는데 있어, 최근 과거와는 다른 새로운 해석이 등장하고 있습니다.

볼 비행을 설명하는 기존 이론을 한 마디로 요약한 문장이 있습니다.

"Swing path sends it and the club face bends it
(스윙 궤도는 볼을 보내주지만, 클럽 페이스는 볼을 휘게 만든다)."

스윙의 궤도가 초기 출발을 결정하며, 클럽 페이스가 골프볼이 어느 방향으로 휠지를 결정한다는 뜻입니다. 예를 들어, 약간 우측으로 출발해서 원래의 타깃 방향으로 돌아오는 드로우Draw 샷의 경우는 오른쪽으로 출발하므로, 인 – 아웃 스윙이며, 왼쪽으로 다시 돌아오기 때문에 클럽 페이스는 닫혀 있었다는 식으로 결과를 설명하는 것이죠.

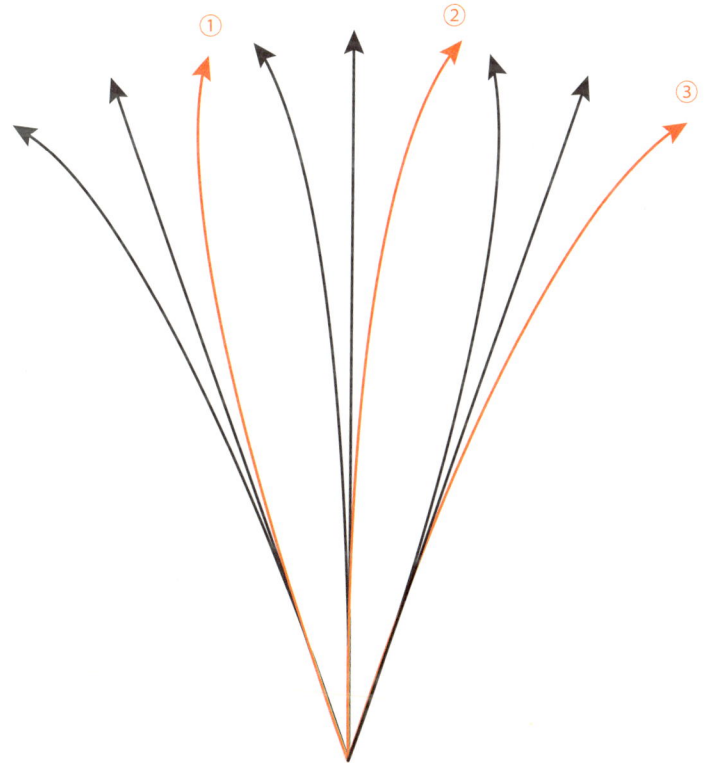

이해를 돕기 위해, 아마추어의 공통의 적인 '슬라이스'를 예로 들어보겠습니다. 와이파이 궤적을 그리는 아마추어 골퍼에게 있어 슬라이스는 특히나 더 피하고 싶은 샷의 종류가 아닐까 합니다. 거리와 방향에 있어 모두 손해이기 때문입니다.

기존 골프볼 비행 이론에 의하면, 둘 다 오른쪽으로 휜다는 점에서, 클럽 페이스는 모두 오픈되어 있지만, 볼의 출발이 다르다는 점에서 스윙 궤도는 아래와 같이 다릅니다.

① **아웃 – 인 스윙**
② **인 – 인 스윙(스퀘어)**
③ **인 – 아웃 스윙**

그런데 트랙맨과 같은 론치 모니터가 발달하면서, 골프볼 비행에 대한 해석이 달라지고 있습니다.

① **클럽 페이스가 왼쪽을 향하고 있으며, 스윙 궤도는 아웃 – 인**
② **클럽 페이스는 스퀘어이지만, 스윙 궤도는 아웃 – 인**
③ **클럽 페이스가 오픈되어 있으며, 스윙 궤도는 아웃 – 인 가능성이 있음**

특히 3번을 보면 '가능성'이라고 표현하고 있습니다. 만약 3번과 같은 샷을 하는 골퍼가 손목 로테이션 등을 통해서 클럽 페이스를 스퀘어로 만들었는데도 불구하고, 우측으로 날아간다면, 이는 스윙 궤도가 인-아웃일 수 있다는 것을 의미합니다. 원인이 전혀 다르기 때문에 처방 역시 달라져야 하는 것이죠.

결국 기존 볼 비행에 비해 훨씬 더 디테일한 분석이 가능한 것이 바로 새로운 볼 비행 이론입니다. 과거에 눈으로 확인할 수 없었던 임팩트 순간의 움직임을 정확히 포착할 수 있게 되면서, 진단과 처방이 더 정확해진 것입니다.

연습장과 실제 필드에서 라운드를 하게 되면, 미스샷이 발생할 수도 있고, 자신이 원하는 구질로만 볼이 날아갈 때가 많습니다. 이렇게 볼 비행을 바라볼 때에는 자신의 샷 결과를 주의 깊게 관찰할 필요가 있습니다. 자신의 샷 결과에 대한 원인을 알아야 보정을 할 수 있으니까요. 새로운 볼 비행의 관점에서 자신의 샷 결과를 8가지 정도로 분석해볼 수 있습니다.

예를 들면, 다음 그림과 같이 볼의 출발 방향과 휘는 방향에 따라 나름대로 처방을 해보는 것입니다. 물론 이 과정에서 레슨 전문가의 도움을 받으면 훨씬 더 정확한 진단과 처방이 가능합니다.

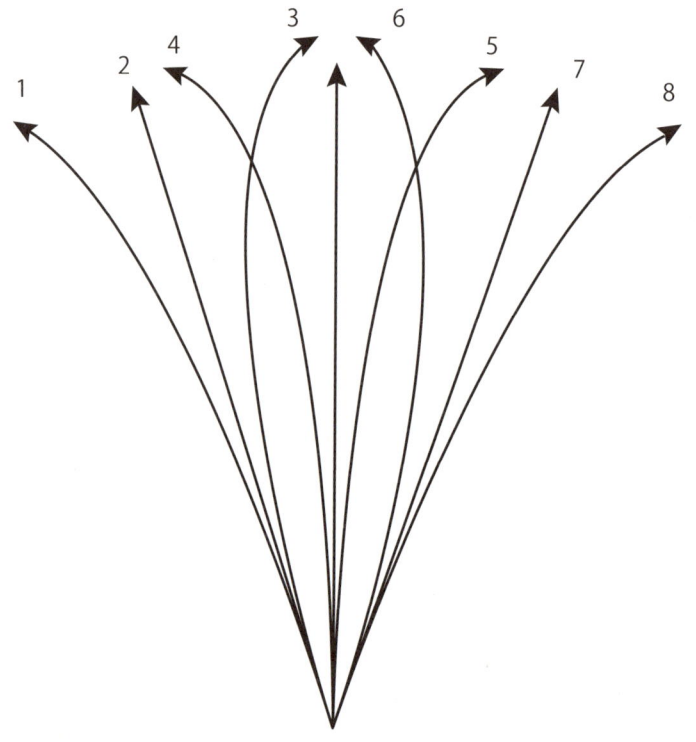

	1	2	3	4	5	6	7	8
볼의 출발 방향	왼쪽	왼쪽	왼쪽	타깃 방향	타깃 방향	오른쪽	오른쪽	오른쪽
볼이 휘는 방향	왼쪽	휘지 않음	오른쪽	왼쪽	오른쪽	왼쪽	휘지 않음	오른쪽
개선 방법	손목 로테이션을 줄이고, 인-아웃 스윙 연습	인-아웃 스윙 연습	인-아웃 스윙 연습	스윙 패스 유지하되 클럽 페이스가 빨리 닫히지 않도록 연습	인-아웃 스윙 연습	일반적인 드로우 샷이지만 과도한 경우 손목의 움직임을 줄임	손목과 팔의 로테이션을 조금 더 할 수 있도록 함	클럽 페이스를 닫기 위해 손목 로테이션에 신경을 씀

올바른 연습의 필요성

10

저는 골프를 오래 쳤지만 연습을 하거나 라운드할 때마다 골프는 어렵다는 생각을 합니다. 당장 싱글 핸디캡 골퍼가 될 것 같다가도 어떤 날은 100타 가까운 점수가 나와 좌절하기도 합니다. 그래서 누군가는 장비에 집착하고 누구는 연습에 집착하게 되죠.

'연습이 완벽을 만든다 Practice makes perfect'는 말이 있습니다. 어떤 기술이든 노력 없이 터득할 수는 없습니다. 그런데 연습에도 계획이나 작선이 있어야 합니다. 무작정 연습 시간만 길다고 해서 실력이 늘지는 않으니까요. 효율을 올리려면 '올바른 연습'을 해야 합니다.

올바른 연습에서 중요한 건 2가지입니다. 무엇을 연습하는가 그리고 어떻게 연습하는가입니다. '무엇'은 단순히 롱게임만이 아닌 숏게임을 비롯한 게임 전반에 관련된 것이고, 어떻게 연습하는지는 연습 시간의 배분과 관련된 것입니다.

국내 골프 환경상 대부분의 연습은 '연습장'이라는 공간에서 이루어지게 됩니다. 그런데 대부분의 골퍼들은 드라이버를 비롯한 롱게임을 위주로 연습을 합니다. 하지만 숏게임의 중요성은 아무리 강조해도 지나치지 않습니다. 그래서 올바른 연습은 숏게임에 대한 이해와 연습에서 시작한다고 볼 수 있습니다.

무엇을 연습할 것인가

데이브 펠츠의 5가지 게임

전 세계에는 훌륭한 골프 교습가들이 많고 이들이 주장하는 스윙 이론 역시 다양합니다. 이러한 이론들도 유행이 있어서, 가르치고 있는 선수의 성적에 따라서 평가가 바뀌기도 합니다. 그중 세계적으로 유명한 골프 레슨 코치 데이브 펠츠Dave Pelz의 『숏게임 바이블』이라는 책은 여전히 골퍼들에게 시사하는 바가 큽니다. 데이브 펠츠는 NASA(미항공우주국) 출신의 엔지니어라는 독특한 이력과 더불어 숏게임과 퍼팅에 강점을 가지고 있습니다.

데이브 펠츠는 골프에 5가지 게임, 즉 멘탈게임, 파워게임, 숏게임, 퍼팅게임, 매니지먼트게임이 있다고 말합니다. 그중 숏게임과 퍼팅게임을 '스코어링Scoring 게임'으로 분류하여 중요성을 더 강조하고 있죠.

데이브 펠츠의 골프 게임 분류에서 '숏게임'의 정의에 대해서는 많은 사람들이 동

넓은 골프 연습장에서 어떤 연습을 할지 고민을 할 필요가 있습니다.

의할 것입니다. 데이브 펠츠는 100야드 이내에서의 샷을 숏게임으로 분류합니다. 어떤 클럽으로 어떤 형태의 샷을 하건 간에 그린에 골프 볼을 올릴 목적으로 치는 100야드 이내의 샷은 숏게임의 범주에 들어간다는 것입니다.

그런데 왜 이러한 샷이 중요할까요? 대답은 아주 단순합니다. 우리가 가장 많이 플레이하는 샷이기 때문입니다. 데이브 펠츠에 의하면, 우리가 한 라운드를 도는 동안 60~65%의 샷이 바로 100야드 이내에서 진행된다고 합니다. 물론 퍼트의 개수를 포함한 것입니다. 만약

데이브 펠츠는 100야드 이내의 샷을 숏게임으로 정의합니다. 우리가 기록하는 타수의 60~65%를 차지합니다. (출처: 게티이미지)

우리가 100타 정도를 친다면 최소 60타에서 65타는 100야드 이내에서 이루어진다는 것입니다. 정말 비중이 높은 샷들이죠?

  우리가 골프를 치는 목적은 다양합니다. 사회적인 인간관계를 넓히기 위해서, 개인의 성취감을 높이기 위해서 혹은 그냥 재미가 있어서 치는 경우도 많습니다. 그런데 골프라는 게임은 '스코어'를 줄이지 못하면 꽤나 잔인한 게임이 됩니다. 그 많은 시간과 비용을 투자했음에도 불구하고 원하는 스코어를 얻기가 어렵고 게임 운영이 내 맘대로 되지 않기 때문입니다. 물론 골프의 이런 점이 매력이기도 합니다.

'스코어'를 줄인다는 것은 결국 더 적게 치고 홀에 골프볼을 넣는 것인데, 숏게임의 중요성이 바로 여기에 있습니다. 300미터를 치는 드라이버 샷도 한 타이지만 30센티미터를 치는 퍼트도 한 타입니다. 숏게임은 결국 어떻게 하면 퍼트의 확률을 높게 만들 것인가와 연관이 됩니다. 우리가 흔히 '오케이'를 받게 될 때 퍼터의 길이를 기준으로 삼는 경우가 많은데, 보통 퍼터의 길이가 33~35인치 정도이니, 약 85센티 내에서는 당연히 퍼트가 성공할 것이라고 서로 인정해주는 것이지요.

하지만 실제로는 어떨까요? 전 세계에서 가장 뛰어난 골퍼들이 모여 있다는 PGA 투어에서도 3피트 이내 거리에서의 퍼트 성공 확률이 낮은 경우, 90%에 머무는 선수가 있습니다. 6피트로 길어질 경우에는 50%를 넘지 못하는 PGA 선수들이 생겨나기 시작합니다. 즉 퍼트 직전 마지막 샷의 결과에 따라서 몇 번의 퍼트를 하게 되느냐가 결정된다는 것입니다. 즉, 숏게임의 목적은 단순하게 그린 위에 공을 올리는 것이 아니라, 얼마나 홀에 가깝게 골프볼을 위치시키느냐가 중요한 것입니다.

여러분은 평소에 어떤 연습을 주로 하고 있나요? 데이브 펠츠의 5가지 게임 중 오로지 '파워게임'에만 집중하고 있지는 않은가요? 레슨 역시 드라이버의 정확도와 비거리를 늘리는 데에만 집중하지는 않는지 생각해볼 필요가 있습니다. 물론 티샷을 얼마나 멀리 그리고 정확하게 보내느냐 하는 것도 대단히 중요합니다. 그리고 무엇이 더

10피트 거리에서의 퍼트 성공률

투어 평균 : 42.24%

순위	선수명		라운드 횟수	성공률(%)
1	Chesson Hadley	체선 해들리	78	66.67
2	Ian Poulter	이언 폴터	76	62.96
3	Alex Noren	알렉스 노렌	86	61.36
4	Adam Scott	애덤 스코트	72	59.52
5	David Hearn	데이비드 헌	68	58.82
6	Nick Taylor	닉 테일러	94	58.33
7	Daniel Berger	대니얼 버거	87	56.10
T8	Lucas Glover	루카스 글로버	98	55.77
T9	Jason Kokrak	제이슨 코크락	95	55.77
10	J.B. Holmes	J.B. 홈즈	50	55.56

10피트 정도의 거리에서는 PGA 투어에서 가장 높은 성공률조차도 70%가 되지 않습니다. 2021년 기준. (출처 : PGATOUR.COM)

중요하다고 강조할 생각도 없습니다. 하지만 적어도 숏게임이 중요하다고 생각한다면 그에 걸맞은 시간과 에너지를 투자하는 것이 필요합니다.

특히 연습장에서 숏게임을 연습해야 하는 이유는, 대부분의 경우 풀 스윙 샷보다 컨트롤 샷이 더 어렵기 때문입니다. 즉 있는 힘껏 쳐서 거리를 보내는 스윙은 익숙하지만, 미세하게 거리를 컨트롤하는 샷에서는 미스샷의 확률 역시 올라가기 때문에 이러한 샷에 대한 연

우리나라에는 숏게임을 연습하기 좋은 환경이 만들어져 있지 않지만, 일반 연습장에서도 숏게임 연습에 시간을 할애하는 것이 좋습니다. (출처 : 게티이미지)

습은 반드시 필요합니다.

어떻게 연습할 것인가

숏게임은 대단히 중요하지만, 우리의 연습 과정은 이러한 중요성과는 별개로 구성되어 있습니다. 그래서 시간 배분을 어떻게 할 것인지, 그리고 어떤 자세로 연습하는 것인지에 대해 계획할 필요가 있습니다.

숏게임 연습을 위한 시간 배분

숏게임과 퍼팅게임에 무게를 두고 시간 배분을 하여 연습하는 것이 좋습니다. 데이브 펠츠의 '연습 시간의 우선순위'에 따르면 연습 순서와 시간을 다음과 같이 구성할 수 있습니다.

1. 30% – 숏게임 (그린의 가장자리에서 100야드 이내)
2. 30% – 퍼팅게임
3. 30% – 파워게임 (우드와 아이언의 비율은 유사)
4. 5% – 매니지먼트게임 (코스에서의 약점과 강점을 관리)
5. 5% – 멘탈게임

크게 보면 숏게임과 퍼팅게임 그리고 파워게임의 비율을 유사하게 맞추고, 숏게임을 가장 먼저 연습하도록 추천하고 있습니다. 다만 이 방식은 미국의 연습 환경 즉, 숏게임, 퍼팅게임, 파워게임이 별도의 공간에서 이루어진다는 가정하에 만들어진 것입니다. 국내 골프 연습 환경에 직접 적용하긴 어렵지만 숏게임과 파워게임을 거의 유사한 비율로 연습하는 것이 좋다는 의견은 적용해볼 만한 가치가 있습니다.

비전 54의 조언 – 연습 방법

비전 54는 분명한 목적을 가지고 연습하라고 강조합니다. 단순하게 1시간 치겠다, 2시간 치겠다는 것이 아니라, 계획을 가지고 치라는 것입니다. 연습 방법에는 아래와 같은 몇 가지 기준을 제시하고 있습니다. (아래 3가지 이외에도, 연습 그린 주변에서의 상황, 즉 숏게임에 대한 몇 가지 권장사항이 있긴 하지만, 국내의 연습장 현실과는 달라 여기에 언급하지 않겠습니다.)

- 매 샷, 타깃을 바꿔서 쳐라
- 매 샷, 클럽을 바꿔서 쳐라
- 연습 그린 위에서는, 하나의 골프볼을 사용하라

이 조언의 밑바탕에는 목적을 가지고 연습을 하라는 메시지가 깔려 있습니다. 사실 국내 골프연습장은 대부분 시간제로 운영되기 때문에, 많은 골퍼들이 가급적 '많은' 골프볼을 치려고 하는 경향이 있습니다. 하지만 잘못된 스윙으로 더 많은 골프볼을 치는 것, 목적 없이 같은 클럽을 반복적으로 연습하는 것은, '더 나빠지기 위한' 연습이 될 가능성이 높습니다.

연습볼을 얼마나 자주 쳐야 할 것인지에 대한 구체적인 권고안은 없습니다. 다만, 연습볼을 치는 중간에 자기 자신에게 어떤 피드백을 주는 과정, 일종의 복기 과정은 필요합니다. 즉, 방금 자신의 샷 결과의 원인이 무엇인지, 좋았던 것은 무엇인지, 나빴던 것은 무엇이었는지를 충분히 힌번 고민해보라는 것입니다. 많이 치는 것보다 중요한 요소들이 있음을 간과하지 말아야 합니다. '스윙 운동'을 하러 온 것이 아니라 '연습'을 하러 간 것이기 때문입니다. 실제 필드에서의 프리샷 루틴까지는 아니어도, 그립을 다시 고쳐 잡거나 타깃 방향을 한 번 더 확인하는 과정을 꼭 거쳐야 합니다.

다양한 거리의 목표를 다양한 클럽으로 쳐보는 것을 실천하는 것은 연습장의 환경과 실제 필드에서의 환경 사이의 차이를 최소화하기 위한 노력이기도 합니다. 필드에서는 매번 다른 형태의 샷을, 다른 목적을 가지고 플레이해야 하기 때문입니다.

적절한 연습 도구의 활용

연습장에서는 대부분 레슨을 받기보다는 개인이 시간을 정해서 연습을 합니다. 그러다 보니 샷을 평가할 기회가 적죠. 좀 더 효과적인 연습을 위해서는 몇 가지 도구를 적절하게 활용하는 것이 도움이 될 수 있습니다.

우리가 자주 찾는 연습장은 대부분 타깃 방향이 정해져 있습니다. 즉 바닥에 매트가 놓인 대로 스윙을 합니다. 그런데 이러한 습관은 실제 필드에서 몸의 정렬 혹은 타깃 방향 설정을 하는 데 어려움을 겪게 만듭니다. 심지어 실제 매트 혹은 타석이 어느 방향을 바라보고 있는지도 확인을 안 하는 사람들이 많습니다. 연습장 바닥 면은 다양한 타깃을 설정할 수 있도록 되어 있습니다. 예를 들어 작은 원들이 그려져 있거나, 거리 표시를 위한 선이 그어져 있을 수 있는데, 이런 다양한 타깃을 목표로 다양한 샷을 연습하는 것이 좋습니다.

물론 다른 타석의 골퍼들에게 위협이 될 정도로 방향을 틀어서 치면 안 되겠죠. 이렇게 타깃을 설정할 때 클럽 샤프트 혹은 얼라인먼트 스틱 Alignment Stick 같은 장비들은 큰 도움이 될 수 있습니다. 특히 이러한 도구를 90도 수직으로 위치시키면 정렬 방향과 골프볼의 위치까지 한꺼번에 확인할 수 있습니다. 얼라인먼트 스틱이 없다면 자신이 가진 클럽을 활용하는 것도 좋은 방법입니다.

바닥 면에 얼라인먼트 스틱을 활용한 모습. 타깃 방향으로 몸을 정렬하는 것과 더불어, 볼 포지션(볼의 위치)을 확인하는 데도 유효합니다.

스마트폰 카메라의 슬로우모션 기능을 활용해 자신의 스윙 모습을 촬영하는 것도 좋습니다. 촬영할 때는 카메라의 높이가 중요한데, 골프 피트니스를 전문적으로 연구하는 TPI는 골퍼의 손 높이에 카메라 앵글을 맞출 것을 추천합니다. 너무 아래쪽 혹은 위쪽을 향해 찍으면 스윙 궤도, 손, 샤프트의 위치 및 방향 등이 왜곡되어 보일 수 있습니다.

Golf

3부

골프 상식 사전:
비즈니스 골퍼라면 알아야 할 기초 교양

다양한 형태의 골프 게임

01

골프에는 매치 플레이와 스트로크 플레이라는 2가지 게임 형태가 있습니다. 대부분의 골퍼들, 그리고 투어에서는 스트로크 플레이를 진행하는데, 매치 플레이는 상대방과 홀별 경쟁을 한다는 점에서 골프의 또 다른 즐거움을 느낄 수 있다는 평가를 받습니다. 골프 규칙 역시 다르기 때문에 각 게임의 규칙을 미리 알아두면 좋습니다.

- 스트로크 플레이: 모든 라운드의 각 홀에서 낸 총 스코어, 즉 총 타

수(스트로크 수와 벌타의 합)로 우위를 가리며, 각 플레이어가 다른 모든 플레이를 상대로 서로 경쟁하는 플레이 방식
• 매치 플레이: 홀을 이기거나 지거나 비기는 것을 두고, 플레이어와 상대방이 서로만을 상대로 경쟁하는 플레이 방식

　스트로크 플레이는 '골프 코스와 경쟁'하는 경기, 매치 플레이는 '상대방과 경쟁'하는 경기라고 말하기도 합니다. 스트로크 플레이는 동반자와 관계없이 자신만의 플레이를 하여 스코어의 총합을 기록하는 데 비해, 매치 플레이는 상대방과 홀별 경쟁을 하게 되고, 이 스코어로 최종 승자를 가리게 됩니다.
　골프의 기원을 살펴보면 경기 형태는 원래 매치 플레이 방식이었습니다. 현재 주요대회에서 적용하는 스트로크 플레이 방식은 상대적으로 역사가 짧다고 볼 수 있습니다. 메이저 대회 중 하나인 PGA 챔피언십의 경우, 1957년까지는 매치 플레이로 우승자가 가려지다가, 1958년 대회 때부터 현재의 스트로크 플레이 방식으로 변경이 되었습니다. 당시 프로골프가 대중화되면서 유명한 선수들이 많아졌고, 가급적 최종 라운드까지 더 많은 선수들이 경기를 끝까지 할 수 있도록 배려했다는 이야기가 있습니다. 매치 플레이 방식에서는 마지막 결승에서 2명의 선수만 경쟁하게 되니, 흥행에는 좋은 영향을 미치지 않았을 겁니다. 선수들이 탈락하는 매치 플레이와는 달리, 성적에 관계없이 끝까지 플레이할 수 있는 스트로크 플레이가 시청률

을 위해서는 더 유리하다고 판단했겠지요.

여전히 일부 대회는 매치 플레이 방식으로 진행합니다. 대표적으로 USGA가 주최하는 다양한 아마추어 대회들입니다. 이러한 아마추어 대회는 스트로크 플레이로 예선을 치르고 난 이후, 우승자 결정을 위해 매치 플레이 형태의 대회 운영을 고수하며, 매치 플레이의 전통을 이어가고 있습니다. 국내에서는 KLPGA의 유일한 매치 플레이 대회인 두산매치플레이 챔피언십 등 남녀 각 1개 정도의 대회만이 매치 플레이로 운영됩니다.

매치 플레이와 스트로크 플레이의 차이

경기 중 연습

매치 플레이에서는 스트로크 플레이에서와 달리 홀의 결과가 나온 이후에 연습을 할 수 있습니다. 홀에서 진 선수가 같은 자리에서 퍼트를 다시 해보는 모습도 볼 수 있죠. 스트로크 플레이에서는 플레이 도중 연습을 할 경우 실격 사유가 되지만, 매치 플레이에서는 홀 매치의 결과가 정해지고 난 이후에는 연습을 할 수 있도록 허용하고 있는데, 이는 스트로크 플레이의 경우 18홀 전체를 하나의 게임으로 보지만, 매치 플레이는 각 홀을 하나의 게임으로 보고 플레이하기 때문에 게임과 게임 사이의 연습을 허용하는 것이라고 볼 수 있습니다.

컨시드

많은 아마추어 골퍼들이 '오케이'라고 사용하는 용어의 정확한 표현은 컨시드Concede입니다. 스트로크 플레이는 반드시 골퍼가 홀에 골프볼을 넣어야 결과가 인정되지만, 매치 플레이의 경우에는 플레이어가 홀 또는 매치 전체를 컨시드할 수 있습니다. 본인이 졌다는 것이 확실한 경우에는 언제든 상대방에게 홀을 내주고 게임을 마칠 수 있는 것입니다. 가끔 컨시드를 가지고 심리전을 벌이는 선수들도 있습니다. 아주 짧은 거리의 퍼트가 남아 있음에도 일부러 컨시드를 주지 않고 상대방을 압박하거나 언짢은 기분이 들도록 만드는 것입니다. 참고로, 골프 규칙에서는 '컨시드는 최종적인 것이며, 거절하거나 번복할 수 없다'라고 명기하고 있습니다. 하지만 이는 매치 플레이에서만 적용되는 것입니다. 비즈니스 골프 에티켓 관점에서 본다면, 상대방에게 컨시드를 무리하게 요구하거나 거절하는 것도 바람직하지는 않다고 볼 수 있습니다.

결과 표기 방식

일반적인 스트로크 플레이에서는 몇 언더파를 치고 있다는 식으로 전체 스코어만이 표기됩니다. 그에 비해 매치 플레이에서는 1 up/2 up 혹은 Tied와 같은 형태로 앞서 있는 홀수 혹은 비긴 상태를 표시합니다. 비긴 상태를 'All Square'라고도 표기했었지만, 2019년 골프 규칙 개정과 함께 다른 스포츠에서도 무승부라는 의미로 쓰이는 'Tied'라는 용어를 사용하게 되었습니다. 매치 플레이에서 독특한 방식으로 결과가 표기되는 경우가 있는데, 18홀 이전에 승패가 확정되는 경우입니다. 예를 들어, 6&4와 같은 형태로 결과가 표기되는 것입니다. 이는 이긴 선수가 4홀을 남기고 6홀 차이로 이겼다는 뜻입니다. 즉 14번 홀에서 매치가 끝났다는 것인데, 상대방 선수가 나머지 홀을 모두 이기더라도 역전은 불가능하기 때문에 18홀까지 매치를 진행하지 않고 종료가 된 것입니다.

매치 플레이가 적용되는 게임

대부분의 골프 경기가 스트로크 플레이 방식으로 열리기 때문에, 매치 플레이를 기본으로 하는 대회, 특히 라이더컵과 프레지던츠컵의 경기 방식은 낯설게 느껴지기도 합니다. 라이더컵의 모든 경기는 홀마다 승부를 겨루어 이긴 홀의 수가 많은 쪽이 승자가 되는 매치 플레이 방식으로 진행됩니다. 세부적으로는 포섬(foursome: 2명이 한 조로 경기하며 한 개의 공으로 한 번씩 번갈아 가며 플레이를 하는 방식) 8경기, 포볼(four-ball: 2명이 한 조로 경기하며 각자 자신의 공으로 플레이를 한 뒤 더 좋은 스코어를 그 조의 스코어로 삼는 방식) 8경기, 싱글 매치 single match 12경기 등 총 28경기가 사흘에 걸쳐 펼쳐집니다. 프레지던츠컵에서는 총 30개의 매치가 나흘간 펼쳐집니다. 이중 28개 경기가 포섬과 포볼 방식으로 진행됩니다.

포섬과 포볼 방식 모두 스트로크 플레이와 매치 플레이 형태로 진행될 수 있지만, 특히 팀 대항전의 성격이 강한 이벤트에서는 매치 플레이가 긴장감을 고조시키고 재미를 배가시킬 수 있다는 면에서 더 어울리지 않을까 합니다. (18홀의 결과를 기다리는 것보다 현재 조별 상황을 실시간으로 전달하는 방식이 더 흥미 있지 않나요?) 포섬과 포볼이 헷갈린다면, 포볼은 말 그대로 코스 위에 4개의 볼이 플레이 되고 있다(4명의 선수가 각자 자신의 볼로 플레이)고 생각하면 훨씬 구분하기 쉽습니다.

포볼

포볼은 일반적으로 '베스트볼'로 알려진 방식이기도 한데, 베스트볼은 일반적으로 한 명의 '개인' 플레이어가 2~3명의 파트너로 구성된 '팀'과 경쟁합니다. 즉, 2~3명의 파트너의 기록 중 가장 좋은 스코어와 개인 플레이의 스코어를 비교하여 승부를 내는 방식입니다.

이에 비해서 '포볼'은 2명의 파트너가 각자 자신의 볼을 플레이하고, 두 파트너 중 그 홀에서 더 낮은 스코어가 '팀 혹은 편'의 기록이 됩니다. 즉, 더 낮은 스코어를 기록한다는 점에서는 베스트볼과 같지만 팀의 구성이 다릅니다.

이 방식은 홀별 매치 플레이 형태로 두 팀의 승부를 가리기도 하지만, 18홀까지 마친 이후에 스트로크 플레이 형태로도 승부를 가릴 수가 있습니다. 이 게임의 묘미는 바로, 공격적인 플레이와 방어적인 플레이를 한 팀에서 동시에 할 수 있다는 점입니다. 즉, 한 명의 플레이어가 더 낮은 스코어를 내기 위해 공격적인 플레이를 하고, 다른 한 명의 플레이어는 최악의 상황을 막기 위한 방어적인 플레이를 하는 것이죠. 특히 파5 환경 혹은 페널티 구역이 도사리고 있는 환경에서 다양한 전략을 시도할 수 있다는 점도 재미있습니다.

포섬

포섬은 일반적으로는 '번갈아 치는 샷 Alternate Shot' 방식으로 더 잘 알려진 방식입니다. 포볼의 팀 경기에 비해 팀워크를 증진한다는 측면에서 개인적으로 더 선호하는 방식이며, 2명의 파트너가 한 편을 이루어 하나의 볼을 번갈아 스트로크를 합니다. 포섬에서는 캐디에게 기대하는 어드바이스는 물론 볼을 마크하거나 리플레이스 등 '같은 편'에게 허용되는 행동을 할 수 있습니다. 물론 같은 편 파트너가 실수했을 때에도 이를 잘 받아들이고 격려를 해줄 줄 아는 강한 멘탈도 필요합니다. 티샷을 하는 순서 역시 번갈아 가며 하게 됩니다. 예를 들어 A 플레이어가 홀수 홀에서 플레이를 시작한다면, 한 편인 B 플레이어는 짝수 홀에서 플레이를 시작합니다.

매치 플레이와 핸디캡

대부분의 골퍼들이 스트로크 플레이에만 익숙해져 있어, 매치 플레이가 가진 긴장감과 재미를 잘 모른다는 점이 개인적으로 아쉽습니다. 매치 플레이에서는 코스 매니지먼트나 샷을 선택할 때 재미를 더 극대화할 수 있습니다. (이기고 있는 상황에서는 조금 보수적인 플레이를 하고, 지고 있는 상황에서는 아주 공격적인 플레이를 해보는 것입니다.) 그런데 이렇게 매치 플레이를 하기 위해서는 골퍼 간의 핸디캡이 정확하게 산출되어야 합니다.

예를 들어 일반적으로 90타를 치는 골퍼와 72타를 치는 골퍼가 매치 플레이를 한다면 당연히 72타를 치는 골퍼가 이길 확률이 높을 겁니다. 이런 경우 두 선수의 실력 차를 보정해주는 작업이 필요한데 이것이 바로 핸디캡입니다. 2명의 플레이어가 '공인'된 기록으로 18타 정도의 실력 차이가 난다는 것이 확인되면, 더 실력이 낮은 골퍼에게 홀별로 1타씩의 혜택을 주는 것입니다.

핸디캡 인덱스가 잘 발달된 미국에서는 이러한 형식으로 다양한 매치 플레이를 진행하고 있습니다. 우리나라에서도 많은 골퍼들이 신뢰할 만한 핸디캡 수치를 갖게 되면, 골프 게임을 더 다채롭게 즐길 수 있을 겁니다. 비즈니스 골프에서도 익숙한 스트로크 플레이만 고집하기보다는 매치 플레이의 다양한 게임을 시도해보면 관계가 더 돈독해지지 않을까요?

BUSINESS GOLF

플레이어의 핸디캡

02

"핸디캡이 어떻게 되세요?"
"보기 플레이 정도 해요."
"100돌이에요."

새로운 동반자와 라운드를 할 때에는 서로의 '핸디캡'을 확인하는 대화를 하기도 합니다. 앞서 매치 플레이를 활성화를 위해서는 국내에도 플레이어의 핸디캡이 활성화되는 것이 필요하다고 했습니다만, 골퍼들이 무심코 쓰는 핸디캡이라는 단어의 정확한 의미에 대해서는 잘 모르는 경우가 많은 것 같습니다.

핸디캡에 대한 설명을 위해서는 2가지 정의를 내려야 할 것 같습니다. 첫 번째는 국내에서 '관습적으로' 사용하는 '평균 스코어' 개념입니다. 굳이 '관습적'이라는 표현을 쓴 이유는 실제 핸디캡의 정의와는 맞지 않기 때문입니다. 그리고 국내라고 표현한 이유는 이러한 관습적인 정의가 생긴

대한골프협회 핸디캡 시스템 매뉴얼. KGA는 USGA의 핸디캡 시스템을 채택하였습니다. (출처 : 대한골프협회)

원인이 바로 국내에는 핸디캡 측정이나 산정 시스템이 다른 나라에 비해 발달하지 못했기 때문입니다. 그러다 보니 평균 타수와 핸디캡이라는 단어를 섞어서 쓰는 경우를 많이 보게 됩니다.

그렇다면 핸디캡의 원래 의미는 무엇일까요? 이 단어의 정의는 『USGA 핸디캡 시스템 매뉴얼USGA Handicap System Manual』을 들여다보면 알 수 있습니다. 정확히는 핸디캡 수치Handicap Index라고 써야 합니다.

핸디캡 수치는 일반적인 난이도를 가진 골프장에서 골퍼가 기록할 수 있는 잠재적 능력치를 나타나게 위해 USGA에서 제공하는 서

비스이며, 코스 핸디캡으로의 변환을 위해 소수점 한 자릿수를 가진 숫자로 표현된다(A "Handicap Index" is the USGA's service mark used to indicate a measurement of a player's potential ability on a course of standard playing difficulty. It is expressed as a number taken to one decimal place and is used for conversion to a Course Handicap).

예를 들어 핸디캡이 11.0이라고 한다면, 일반적인 난이도의 골프장에서 83타(18홀 72타 + 핸디캡 수치 11)를 기록할 '잠재적 능력'을 가지고 있다는 뜻입니다. 그래서 일반적으로 핸디캡 수치가 평균 타수보다는 좀 더 낮은 수치로 표현되는 것입니다.

핸디캡 수치가 필요한 이유

대한골프협회의 핸디캡 시스템 매뉴얼에 명기된 핸디캡 수치의 목적은 아래와 같습니다.

> 핸디캡 시스템의 목적은 서로 다른 기량을 보유한 골퍼들이 골프를 더욱 즐겁게 하기 위해 동등한 입장에서 라운드할 수 있도록 고안되었습니다.

즉, 실력 차이가 있는 골퍼들도 함께 플레이를 할 수 있도록 돕는다는 것인데 사실 골퍼들은 이미 핸디캡 시스템의 일부를 사용하고 있습니다. 바로 티잉 구역입니다. 어떤 골퍼들은 화이트 티에서 혹은 어떤 골퍼들은 레드 티에서 티샷을 하죠. 실력별로 서로 다른 티잉 구역을 사용하도록 하는 것 역시 골퍼들의 실력 차를 인정하고 최대한 공정한 게임을 할 수 있도록 만들어주는 방법입니다. 특히 남녀노소 불문하고 한 골프장에서 함께 플레이를 할 수 있다는 것은 골프의 큰 매력 중 하나라고 믿기 때문에, 이 핸디캡의 목적은 큰 의미가 있다고 생각합니다. 이러한 골프의 큰 장점을 살리기 위해서는 핸디캡 수치의 도움이 절대적이라고 볼 수 있습니다.

핸디캡 수치를 어떻게 활용하는지를 예를 들어 설명하겠습니다. 핸디캡이 10인 사람과 핸디캡이 20인 사람이 함께 골프를 친다고 가정하겠습니다. 이 두 사람이 함께 골프를 친다면 어느 골퍼가 더 좋은 스코어를 기록할 확률이 높을까요? 당연히 핸디캡이 10인 사람일 것입니다. 게임의 결과를 단순하게 '낮은 타수'로 친다면 핸디캡이 20인 사람이 이길 확률은 거의 없을 겁니다.

하지만 핸디캡 수치를 적용하여, 두 사람이 10타의 실력 차이가 난다는 것을 인정한 상태에서 경기를 한다면 좀 더 다양한 경기 결과가 나옵니다. 예를 들어 두 사람이 5타수 차이를 기록했다면, 핸디캡이 높은 사람이 이긴 것으로, 타수 차이가 15타가 되었다면 핸디캡이 낮은 사람이 이겼다고 볼 수 있습니다.

개인별 스코어 카드. 가장 아래쪽에 HDCP로 표기된 숫자가 각 홀의 난이도 순위입니다. 매치 플레이의 경우 가장 난이도가 높은 홀부터 점수를 보정해줍니다. (출처: 더 크로스비 골프 클럽)

그래서 핸디캡은 실제 매치 플레이와 스트로크 플레이의 여러 경기 방식에서 골퍼 간의 실력 차를 객관적으로 '평준화'할 수 있도록 도와줍니다. 특히 매치 플레이의 경우, 더 어려운 홀부터 핸디캡이 높은 사람에게 혜택을 줍니다. 예를 들어 두 사람의 핸디캡 차이가 '5'라면 가장 어려운 5개의 홀을 골라서 1타씩 이득을 줍니다. 만약 핸디캡 1번 홀에서, 핸디캡 낮은 사람이 파, 높은 사람이 보기를 하게 된다면, 두 사람이 비겼다고 판정을 하게 되는 것입니다.

신 페리오 방식

안타깝게도 국내에서는 핸디캡 수치가 일반화되어 있다고 보기 어렵기 때문에, 핸디캡을 고려한 다양한 게임을 하는 것이 쉽지 않습니다. 이러한 핸디캡의 부재를 보완하기 위해 국내에서 가장 많이 쓰이는 수단이 바로 신 페리오New Peoria 방식입니다.

신 페리오 방식으로는 12개의 홀을 지정하여, 이 홀에서의 점수를 기준으로 핸디캡을 산정합니다. 12개 홀의 스코어로 각 골퍼의 핸디캡을 정하고, 이를 18개의 홀로 확장시켜 숫자를 계산한다는 것입니다. 대부분의 골프장에서 신 페리오 방식에 의한 스코어 보정 서비스를 제공해주기 때문에 계산법을 외울 필요는 없습니다.

특히 비즈니스 골프에서 대회를 하거나 단체로 여러 팀이 함께 플레이하는 경우에는 전체의 스코어 카드를 별도로 출력해주기도 합니다. 그래서 이러한 임시 핸디캡 산정을 통한 토너먼트가 운영되고 나면, 그로스Gross 스코어와 네트Net 스코어, 2가지를 가지고 시상이 이루어지는 경우가 많습니다. 그로스 스코어는 핸디캡에 관계없이 전체 타수를 기준으로 하는 것이고, 네트 스코어는 핸디캡을 고려한 수치를 일컫습니다. 그로스 스코어가 좋은 사람이 '실력'이 더 우수하다고 볼 수 있고, 네트 스코어는 약간의 '운'이 작용하는 스코어라고 볼 수 있다는 정도의 차이가 있습니다.

골프 코스의 난이도

03

 핸디캡이라는 제도가 골퍼의 능력에 대한 객관적인 평가라면, 골프 코스에 대한 객관적인 평가도 해보아야 합니다. 코스의 난이도를 살펴보는 것이죠.
 골퍼들은 다양한 동반자와 다양한 골프장에서 라운드를 하게 됩니다. 자신을 포함해 동반자들이 모두 어렵게 느끼는 골프장이 있는가 하면, 난이도를 서로 다르게 평가하는 골프장도 많습니다.
 "난 이 골프장만 오면 더블 파가 꼭 2개 이상은 나오는 것 같아."

"그래? 좀 까다롭긴 한데 그래도 나는 그렇게 어렵지는 않은 것 같은데?"

가끔 캐디가 이런 이야기를 할 때도 있습니다.

"여기서 치시면 보통 5타는 더 나온다고 해요."

골프 코스의 난이도를 이해하는 것, 그리고 스코어 카드에 새겨진 핸디캡의 의미를 알아두는 것은 코스 매니지먼트 차원에서 도움이 됩니다. 어려운 골프장에서 좋은 스코어를 기록하는 것은 당연히 어렵습니다. 물론 상대적으로 좋은 스코어를 얻기 쉬운 골프장도 있습니다. 특히 실력에 따라서 난이도를 서로 다르게 받아들일 수 있어서

난도가 높은 골프장의 모습. 난도에 따라 골퍼들의 스코어가 크게 달라질 수 있습니다. (출처: 게티이미지)

난이도를 객관적으로 평가할 필요성이 대두되었습니다. 이러한 이유로 USGA는 코스 레이팅Course Rating과 슬로프 레이팅Slope Rating 개념을 도입하였고, 대한골프협회 역시 USGA의 코스 레이팅을 적용하고 있습니다. (정확히는 코스 레이팅이 먼저 도입되었고, 이후 보기 플레이어 그리고 그 이상의 핸디캡을 가진 골퍼들의 기량을 반영하기 위한 슬로프 레이팅 개념이 도입되었습니다.) 즉, 코스 레이팅과 슬로프 레이팅은 골프 코스의 난이도를 객관적으로 평가하고자 만든 지표입니다.

코스 레이팅

코스 레이팅이란 스크래치 골퍼(핸디캡 수치가 0인 골퍼)가 해당 코스에서 기록하는 평균 스코어를 나타내는 수치입니다. 이 수치는 일반적으로는 67~77 사이의 숫자로 표기됩니다. 예를 들어 코스 레이팅이 73.5인 골프장이라면, 스크래치 골퍼가 평균적으로 73.5타를 기록할 수 있는 코스라는 뜻입니다. 파72 골프장이 이러한 코스 레이팅을 가지고 있다면, 평균적인 코스보다는 어렵다고 봐야 합니다. 반대로 69 정도의 코스 레이팅을 가진 코스라면 스크래치 골퍼가 69타 정도를 기록할 수 있으므로 비교적 쉬운 골프장이라는 뜻입니다. 이러한 수치는 한 개의 골프장에 하나의 숫자만 있는 것이 아니라, 같은 코스 내에서도 티잉 구역의 위치에 따라 바뀌게 됩니다. 블루 티에서 칠 때와 화이트 티에서 칠 때 난이도가 달라지므로 서로 다른 코스 레이팅을 가질 수 있다는 뜻입니다.

슬로프 레이팅

언뜻 코스 레이팅만 알면 골프 코스의 난이도를 객관적으로 판단할 수 있을 것 같지만 코스 레이팅만으로 설명할 수 없는 난이도가 있습니다. 골퍼의 실력에 따라서도 골프 코스의 난이도가 달라지기 때문이죠. 그래서 USGA는 슬로프 레이팅이라는 개념을 도입하게 됩니다.

슬로프 레이팅은 일반적으로 55~155 사이의 숫자로 표기가 되는데, 이는 스크래치 골퍼와 보기 골퍼 사이의 상대적인 코스 난이도를 나타내는 수치입니다. 슬로프 레이팅이 155에 가깝다면 보기 골퍼와 스크래치 골퍼가 느끼는 코스의 난이도 차이가 크다는 뜻이고, 55에 가까우면 상대적인 난이도 차이가 적다는 의미입니다. 어떤 골프장은 실력이 높지 않은 골퍼들에게는 유난히 더 어렵게 느껴질 수 있는데 이는 슬로프 레이팅이 높은 골프장이라고 봐야 합니다. 참고로 평균 슬로프 레이팅은 113으로 알려져 있습니다.

그렇다면 코스의 난이도를 산정할 때는 어떤 요소들을 고려하는 것일까요? 크게 2가지 평가 기준이 있는데 첫 번째는 거리에 영향을 미치는 요소, 두 번째는 코스 내의 장해물 요소입니다. 거리에 영향을 미치는 요소는 티에서 그린까지의 고도차, 도그렉, 강제 레이업을 해야 하는 상황이 있는지 여부, 그리고 해발 고도 등입니다. 이러한 요소들은 단순하게 전체 코스의 거리만이 아니라 해당 골프장을 공략하기 위해 거리 조절을 어떻게 해야 하는지에 대한 다양한 평가라고 봐야 합니다.

두 번째, 코스 내의 장해물 요소는 크게 10가지 코스 요소를 고려하게 됩니다. 골퍼들이 쉽게 예상할 수 있는 항목인데 벙커, OB, 러프, 페널티 구역, 나무의 위치, 그린 표면과 같이 코스 공략에 장해물이 될 만한 요소들에 대한 평가를 하게 됩니다.

벙커의 위치, 페널티 구역의 위치 등도 코스의 난이도를 측정하는 기준 중 하나라고 볼 수 있습니다. (출처: 게티이미지)

홀별 핸디캡의 의미

골프장의 스코어 카드를 잘 살펴보면, 홀 정보에 'HDCP', 'Handicap' 혹은 'Index'로 표기가 된 칸이 있습니다. 그리고 그 아래에는 홀의 번호와는 별도로 1~9라는 숫자가 쓰여 있거나, 1~18이라는 숫자가 쓰여 있습니다. 보통 18홀이 있는 골프장이라면, 아웃Out 코스, 즉 전반 나인 홀에는 홀수 번호가 표기되어 있고, 인In 코스, 즉 후반 코스에는 짝수 번호가 표기되어 있을 것입니다.

홀별 핸디캡은 코스 내의 각 홀이 얼마나 어려운지를 나타내는 척도입니다. 골프 코스의 홀별 난이도를 산정해서 가장 어려운 홀에 1번,

더 크로스비 골프 클럽 – 아리아 코스의 핸디캡 1번홀. 코스 소개에 HDCP 1이라는 표시가 있습니다. (출처: 더 크로스비 골프 클럽)

그리고 가장 쉬운 홀에 18번이라는 숫자를 표기하는 것이 일반적인데 숫자가 낮을수록 더 어려운 홀이라고 생각하면 됩니다.

'어려운 홀'이라는 말에서 '어렵다'라는 의미를 조금 더 살펴볼 필요가 있습니다. 어렵다는 의미가 절대적인 기준으로 되기에는 골퍼마다 실력의 차이, 예를 들면 비거리의 차이가 있을 수 있기 때문입니다. 200미터 정도에 벙커가 있다면, 230미터를 치는 사람에게 이러한 벙커는 위험 요소가 될 수 없습니다. 반면 200미터를 치는 사람에게는 이 벙커가 당연히 위험 요소가 됩니다. 즉, 실력 차이에 따라서 코스의 어려움을 느끼는 정도는 사람마다 다릅니다. 가장 어렵다는 핸디캡 1번 홀이 어떤 사람에게는 그리 어렵지 않은 홀이 될 수도 있는 것입니다.

코스의 홀별 핸디캡을 산정할 때에는 보통 스크래치 골퍼와 보기 골퍼가 난이도 차이를 가장 크게 느낄 만한 홀이 1번 홀이 되는 경우가 많습니다. 홀의 절대적인 난이도도 중요하지만, 핸디캡이 높은 사람에게 더 위협이 되는 홀에 낮은 홀별 핸디캡 번호를 부여하기도 합니다. 핸디캡을 고려한 매치 플레이 혹은 스트로크를 보정해주는 데 있어 실력이 좋지 않은 사람에게 더 많은 혜택을 주는 것이죠.

골퍼는 홀별 핸디캡을 무시해서는 안 됩니다. 특히 핸디캡 1~4번 정도의 홀이라면, 반드시 캐디를 통해 해당 홀이 어떤 면에서 어렵게 되었는지를 미리 확인하는 것이 좋습니다. 일반적으로는 상대적으로 긴 홀이 핸디캡이 낮은 경우가 많은데, 파 온이 어려울 정도일 가능성이 높습니다. 코스의 레이아웃에 골퍼에게 위협이 될 만한 장해물이 있는지, 혹은 그린 자체의 난이도가 높은 것은 아닌지 등을 확인해야 합니다. 핸디캡이 낮은 홀에서는 보수적인 플레이를 통해 그런 위험 요소를 피하고 스코어를 지키는 것이 좋습니다.

비즈니스 골프 라운드를 준비할 때 골프장의 코스 정보를 미리 보고, 어느 홀이 더 어려운지 혹은 쉬운지를 살펴보는 것, 그리고 다른 골퍼들이 정성스럽게 정리한 코스의 리뷰를 확인하는 것도 중요합니다.

BUSINESS GOLF

주요 골프 대회

04

골프 하면 떠오르는 대회들이 있습니다. 단순히 상금 규모만으로 평가할 수 없는 역사와 전통, 무엇보다 권위가 있는 대회들입니다. 남녀 주요 투어의 메이저 대회들, 그리고 다양한 국가 대항전들을 알아보도록 하겠습니다.

주요 메이저 대회

남자 골프의 4대 메이저 대회는 열리는 순서대로 보면, 마스터스, PGA 챔피언십, U.S. 오픈, 그리고 디 오픈(브리티시 오픈)입니다.

참고로, 골프 역사 관점에서 마스터스와 PGA 챔피언십이 생겨나기 전에는, 영국의 디 오픈과 디 아마추어 챔피언십 그리고 미국의 U.S. 오픈과 U.S. 아마추어 챔피언십이 메이저 대회로 인정받았었습니다.

마스터스 대회는 '오거스타 내셔널'에서만 개최됩니다. 디 오픈은 개최 장소가 매년 달라지는 것 같지만, 영국에 있는 10개의 코스 중 하나에서 열리는데, 골프장들이 모두 링크스Links 코스라는 공통점을 가지고 있습니다.

4개 대회는 해당 대회를 개최하는 기관도 모두 다릅니다. 특히 마스터스 대회는 우리가 알고 있는 대표적인 골프 협회들이 아닌 오거스타 내셔널 골프 클럽Augusta National Golf Club이 주관하는 대회이고, 나머지 3개의 대회는 골프를 이끌어 간다고 볼 수 있는 3개의 협회에 의해 개최되고 운영됩니다.

- PGA 챔피언십 – PGA of America
- U.S. 오픈 – USGA
- 디 오픈 – The R&A

남자 골프는 1934년 이후 지금까지 메이저 대회의 기준이 바뀌지 않았습니다. 하지만 여자 골프는 대회 스폰서 변경 등으로 인해 4개 메이저 대회명이 바뀌었고, 2013년에는 에비앙 챔피언십이 메이저 대회로 승격하면서 메이저 대회가 5개나 되었습니다. 2022년 기준, 5개의 대회는 다음과 같습니다.

- 셰브론 챔피언십
- U.S. 여자 오픈
- 위민스 PGA 챔피언십
- 에비앙 챔피언십
- 위민스 브리티시 오픈

여자 골프투어는 남자 골프투어에 비해 '메이저' 대회의 상징성이 약한 편입니다. 대회 스폰서에 따라 대회명이 바뀌기도 하며, 최근에는 5개의 대회가 메이저 대회로 인정받는 등 변동이 많긴 하지만, 한국 여자 골프의 위상을 생각해보면, 여자 골프의 5개의 메이저 대회 정도는 기억하는 것도 좋을 것 같습니다.

그랜드 슬램

메이저 대회와 관련하여 반드시 알아두어야 할 용어가 하나 있습니다. 바로 '그랜드 슬램Grand Slam'입니다. 야구에서 만루 홈런을 일컫는 말이 그랜드 슬램이죠. 골프와 테니스에서는 한 해에 4개의 메이저 대회를 우승하는 대기록을 그랜드 슬램이라고 합니다. 최고의 선수들이 출전하는 메이저 대회에서 4번 연속 우승하는 것은 정말 어려운 일입니다.

남자 골프에서, 그랜드 슬램 기록을 세운 사람은 지금까지도 한 명뿐인데 바로 바비 존스Bobby Jones입니다. 1930년의 기록으로, 앞서 언급한 2개의 아마추어 대회를 포함해 4개의 메이저 대회에서 우승했습니다. 우승한 연도는 다르지만, 4개의 대회에서 우승 기록을 가지고 있는 경우에, 커리어 그랜드 슬램으로 표현합니다. 남자 골프에 있어서 커리어 그랜드 슬램을 달성한 사람은 모두 5명입니다. 메이저 최다승 기록을 가지고 있는 잭 니클라우스를 포함하여, 타이거 우즈, 벤 호건, 게리 플레이어 그리고 진 사라센이라는 골프의 전설들이 바로 그 주인공들입니다.

한 해에 모든 메이저 대회를 우승하는 캘린더 그랜드 슬램에 가장 가깝게 다가갔던 사람은 벤 호건과 타이거 우즈입니다. 특히 벤 호건의 경우 1953년에 3개의 대회를 우승했는데, 안타깝게도 PGA 챔피언십과 디 오픈의 일정이 겹쳤기 때문에 사실상 캘린더 그랜드 슬램

자체가 불가능한 상황이었습니다.

이후 타이거 우즈가 2000년 U.S. 오픈을 시작으로 디 오픈, PGA 챔피언십, 2001년 마스터스 대회까지 4개 대회를 연속으로 우승한 바 있습니다. 비록 같은 해에 우승하지 못해 아쉬움은 남겼지만, 4개의 메이저 대회를 연속으로 우승하면서 '타이거 슬램Tiger Slam'이라는 신조어를 탄생시키기도 했습니다.

남자 골프에 비해, 여자 골프의 그랜드 슬램은 조금 복잡합니다. 2013년 이후 메이저 대회가 5개가 되었기 때문입니다. 그래서 여자 골프의 경우에는 메이저 대회를 제패하는 그랜드 슬램을 에비앙 챔피언십의 메이저 승격 이전과 이후로 나눕니다. 기존 메이저 대회를 기준으로 본다면, 6명의 선수가 4개의 대회를 석권한 그랜드 슬램을 기록했습니다. 대표적으로 안니카 소렌스탐, 줄리 잉스터가 커리어 그랜드 슬램을 달성한 선수입니다.

5개 메이저 대회가 시작된 이후 5개 대회에서 모두 우승한 선수는 한국의 박인비 선수입니다. 박인비 선수가 이러한 대기록을 세울 때 2012년의 에비앙 챔피언십 우승이 논란이 되기도 했습니다. 에비앙 챔피언십이 메이저 대회로 승격한 것이 2013년이기 때문에 진정한 커리어 그랜드 슬램이 아니라고 주장하는 사람들이 있었던 것입니다. 하지만 이는 '딴지'에 불과한 주장이라고 봐도 될 듯합니다. 게다가 박인비 선수는 2016년 올림픽에서도 우승하면서 '골든 그랜드 슬램'의 주인공이 되기도 했습니다.

여자 골프에는 '슈퍼 커리어 그랜드 슬램'이라는 용어도 있습니다. 박인비 선수의 에비앙 챔피언십이 메이저 승격 이전이라는 점에서, LPGA에서는 '굳이' 슈퍼 커리어 그랜드 슬램이라는 용어를 사용하는 것 같습니다. 이는 선수의 활동 당시에 존재하는 메이저 대회에서 모두 우승을 차지한 기록을 의미하는데, 이를 달성한 선수가 바로 카리 웹 선수입니다. 바람이 있다면, 박인비 선수가 에비앙 대회를 한 번 더 우승하고 '슈퍼 골든 그랜드 슬램'을 달성해서, 그랜드 슬램과 관련된 전무후무한 기록을 세워주는 것입니다.

다양한 국가 대항전들

라이더컵 - 미국 vs. 유럽

역사와 흥행을 고려할 때 가장 큰 국제 대회는 라이더컵이라 해도 과언이 아닙니다. 이 대회는 1927년에 처음 생겨난 대회로, 초기에는 미국과 영국 간의 국가 대항전으로 시작되었다가, 아일랜드가 포함된 이후에 1979년부터 유럽이 모두 참여하는 대회로 확장되었습니다. 1927년 이후의 기록에서는 미국이 27승 14패로 앞서지만, 유럽 전체가 참가한 1979년 이후의 기록을 보면 두 팀 간 경기력이 막상막하입니다. 이 대회는 단순하게 두 팀을 대표하는 선수들의 스트로크 플레이만으로 승부를 결정짓는 것이 아니라 8번의 포섬 매치,

8번의 포볼 매치, 그리고 12명의 싱글 매치로 열리게 됩니다. 이 대회를 더 즐겁게 보기 위해서는, 선수에 집중하는 것도 좋지만, 앞서 언급한 골프의 다양한 경기 형태를 눈여겨 보는 것이 좋습니다.

프레지던츠컵 – 미국 vs. 인터내셔널

이 대회는 1994년 이후로 2년마다 열리는, 인터내셔널 팀과 미국 간의 국가 대항전입니다. 인터내셔널 팀이라는 명칭이 붙긴 했지만, 이 팀에는 유럽 선수들이 포함되지 않습니다. (유럽 선수들은 라이더컵에만 출전합니다.) 이 대회를 준비하는 과정에서 각 팀별로 한 명의 캡틴이 선택되고 이 캡틴은 8명의 포인트 상위 랭킹 골퍼 이외의 4명을 추천해서 팀을 짭니다. 이 캡틴들의 면면을 보면 골프 실력만큼이나 골프라는 스포츠에 있어 큰 발자취를 남긴 사람들이 뽑혔다는 것을 알 수 있습니다. 참고로 양 팀을 통틀어서 가장 많은 캡틴을 역임한 골퍼는 바로 미국 팀의 잭 니클라우스로 4번의 캡틴을 맡은 이력이 있습니다. 인터내셔널 팀의 경우는 피터 톰슨, 게리 플레이어, 그리고 닉 프라이스가 각 3번씩 캡틴으로서 이 대회에 참가했습니다.

한국의 선수가 출전할 수 있는 대회라는 점, 그리고 2015년 한국에서 대회가 개최되었다는 점에서 관심을 끌긴 하지만, 결과만 보면 미국의 압승이라고 해도 과언이 아닙니다. 1998년 호주 멜버른에서 인터내셔널 팀이 이긴 것이 지난 13번의 대회 중 유일한 우승 기록이기 때문입니다.

워커컵 - 미국 vs. 영국 & 아일랜드

앞서 설명한 2개의 대회가 프로 골퍼들이 참여하는 행사라면, 워커컵은 아마추어 골퍼들이 출전하는 행사입니다. 비록 많은 골퍼들이 접해보지 못한 대회이긴 하지만, 이 대회의 역사는 1922년으로 거슬러 올라갑니다. 아무래도 참가 선수의 국적이 2~3개국으로 한정이 되다 보니, 전 세계가 주목하는 대회는 아니지만 해당국의 아마추어 선수들에게는 '국가'를 대표해서 나간다는 큰 의미가 있습니다. 이 대회는 앞의 두 대회와는 달리 포섬과 싱글 매치로만 결과를 겨루게 됩니다.

바로 이어 설명할 솔하임컵과 같이, 아마추어 골퍼가 참여하는 워커컵 역시 한국에서의 관심도는 떨어지지만, 미국과 유럽에서는 꽤 의미가 있는 대회로 평가받는다는 점 정도는 기억해도 좋을 듯합니다.

솔하임컵 - 미국 vs. 유럽

여자 골프의 라이더컵이라고 생각하면 됩니다. 2년에 한 번씩 홀수 연도에 열리는 대회로, 1990년도 이후에 짝수 연도에 진행되다가 라이더컵과 마찬가지로 2003년 이후 홀수 연도에 열리고 있습니다. 흥행이나 경기의 내용이 라이더컵과 LPGA 대회에 비하면 조금 떨어지는 느낌을 받는 것이 사실입니다. 한국을 필두로 한 아시아 골프가 상대적으로 유럽에 비해 강세이기 때문이라고 볼 수 있습니다. 그래서 유럽 팀으로 참가하는 선수들의 경쟁력이나 네임 밸류가 조금은 떨어지는 느낌이 드는 경우도 있는 것이죠. 참고로 솔하임Solheim 컵으로 불리는 이유는 바로 이 대회를 구상한 것이 카스텐 솔하임 Karsten Solheim이기 때문입니다. 카스텐 솔하임은 우리가 잘 아는 핑이라는 골프 브랜드의 창립자로도 잘 알려져 있습니다.

커티스컵 - 미국 vs. 영국 & 아일랜드

남자 골프의 워커컵과 같은 대회이며 여성 아마추어 골퍼들이 참가하는 대회입니다. 솔하임컵이 프로 선수에게 열려 있는 대회이고 그 역사가 길지 않은 데 비해서, 커티스Curtis컵은 1932년에 처음 열린 만큼 역사가 긴 대회입니다. 커티스컵이라고 불리는 이유는, 1900년대 초반 U.S. 여자 아마추어 대회에서 우승했던 커티스 자매(Harriot Curtis, Margaret Curtis)의 이름에서 따왔기 때문입니다.

일반 골퍼가 보기에 골프 대회는 국가에 대한 시상이기보다는 개인에 대한 시상이다 보니, 국가 대항전 형식이 조금 낯설기도 합니다만, 이 대항전에서 이루어지는 다양한 형태의 게임(포섬, 포볼, 매치 플레이 등)에 대해서는 관심을 가지고 지켜보는 것도 또 하나의 즐거움입니다.

골프 어워드

05

골프에 있는 다양한 상award의 이름을 모두 기억할 필요는 없지만, 적어도 1년마다 나타나는 이 상의 수상자들을 살펴보면, 골프 역사와 선수들을 이해하는 데 도움을 받을 수 있습니다.

올해의 신인상 – 아놀드 파머 트로피, 루이스 석스 롤렉스 신인상

2019년 임성재 선수가 수상한 상입니다. 아놀드 파머 어워드Arnold Palmer Award는 원래 PGA 투어에서 가장 많은 상금을 취득한 선수에게 수여했지만 2019년부터는 올해의 신인Rookie Of the Year에게 시상되고 있습니다. 아놀드 파머를 단순하게 '우산 로고' 정도로 기억하는 분들도 많겠지만, 아놀드 파머는 프로 골프의 흥행에 있어 가장 크게 기여한 골퍼 중 한 명입니다. 아놀드 파머 트로피를 신인에게 주기로 한 결정에 대해서도, 아놀드 파머가 한 명의 골퍼로서 보여준 행동들이 많은 젊은 플레이어들에게 귀감이 되었기 때문입니다.

LPGA 투어의 가장 뛰어난 신인에게 돌아가는 상은 루이스 석스 롤렉스 신인상Louise Suggs Rolex Rookie of the Year Award으로 불립니다. 한국인으로서 이 상을 가장 먼저 받은 선수가 바로 박세리 선수인데 (1998년), 이후 한국 선수들이 가장 많이 수상하면서, 국내 골퍼에게는 가장 친숙한 상이 되었습니다.

올해의 선수상-잭 니클라우스 어워드, 롤렉스 올해의 선수상

잭 니클라우스 어워드는 올해의 PGA 투어 선수PGA Tour Player of the Year에게 수여되는 상의 또 다른 이름입니다. 그해에 가장 뛰어난 성적을 보인 선수에게 주어지는 이 상에 잭 니클라우스의 이름이 붙은 것은 잭 니클라우스가 가장 위대한 선수였다는 것에 대한 또 하나의 증거이기도 합니다.

LPGA에서는 시계 브랜드인 롤렉스의 이름을 딴 올해의 선수상이 주어집니다. 여자 골프 세계랭킹의 공식이름도 바로 롤렉스 랭킹으로 불립니다. 이 상은 1966년 이후부터 수상자가 선정되었는데, 가장 많은 수상을 한 선수는 안니카 소렌스탐입니다. 1995년 첫 수상 이후, 2005년까지, 즉 11년 동안 무려 8번을 수상하며 골프 여제로서의 실력을 과시한 바 있습니다.

바든 트로피, 베어 트로피

바든 트로피Vardon Trophy는 그해에 가장 낮은 평균 스코어를 기록한 남자 골퍼에게 수여되는 상입니다. 가장 오래된 상 중 하나인데 이 상은 독특하게도 PGA 투어가 아니라 미국프로골프협회PGA of America 에서 수여합니다.

이 상의 수상 기록을 보면, 다시 한번 타이거 우즈가 얼마나 위대한 골퍼인지 느끼게 됩니다. 2022년 기준으로, 9번이나 수상했고, 두 번째 수상자와도 격차가 큽니다. 무엇보다 수상자들의 면면을 살펴보면 그가 얼마나 대단한 업적을 만들어 가고 있는지 알 수 있습니다.

- 9회 수상 — 타이거 우즈
- 5회 수상 — 리 트레비노, 빌리 캐스퍼
- 4회 수상 — 아놀드 파머, 샘 스니드
- 3회 수상 — 로리 매킬로이, 그렉 노먼, 톰 왓슨, 벤 호건
- 2회 수상 — 조던 스피스, 닉 프라이스, 프레드 커플스, 톰 카이트, 더스틴 존슨 등

참고로, PGA 투어는 바든 트로피와는 별도로 바이런 넬슨 어워드 Byron Nelson Award를 시상합니다. 바든 트로피와는 조금 다른 방식으로 스코어를 산정하는데 코스의 난이도를 고려한다는 점에서 큰 차이가 있습니다. 코스의 난이도, 즉 코스 레이팅 등에 의해 조정된 스코어를 감안하여 평균 최저타를 기록한 선수에게 주는 상이 바로 바이런 넬슨 어워드입니다.

여성 최저타수 선수에게 주어지는 상은 베어 트로피 Vare Trophy입니다. 베어 트로피의 'Vare'는 1920년대 여자 골프를 평정했던 글레나 콜렛 베어 Glenna Collett Vare의 이름을 딴 것입니다. 다른 상들도 모두 의미가 있지만 바든 트로피, 그리고 베어 트로피는 실력과 일관성의 뒷받침 없이는 받을 수 없는 상이라는 점에서 더욱 큰 의미가 있습니다.

페인 스튜어트 어워드

이 상의 이름이 된 페인 스튜어트 Payne Stewart는 1999년 U.S. 오픈을 우승한 4개월 후에 비행기 추락 사고로 유명을 달리한 비극의 주인공이기도 합니다. 골프 매너와 에티켓에서 가장 귀감이 되었던 페인 스튜어트는 잘생긴 외모와 더불어 특유의 복장으로 인해 많은 눈길을 끌었던 골퍼였습니다. 이러한 그의 업적을 기리고 그를 추모하기 위해서 2000년부터 '페인 스튜어트 어워드'가 수여되고 있는데, 사회 활동을 활발히 하고, 스포츠맨십을 보여준 골퍼들을 선정해서 시상합니다. 실력에 대한 상만큼이나 가치가 있는 상입니다.

밥 존스 어워드

2020년 박세리 선수가 밥 존스 어워드Bob Jones Award의 수상자로 지명되며 화제가 되었습니다. 이 상은 1955년부터 USGA가 바비 존스의 이름을 따 수여하고 있는데, 골프에 대한 열정과 업적이 뛰어난 골프인에게 시상되는 상이고, USGA가 수여하는 상 중에서는 가장 권위 있는 상으로 알려져 있습니다. 참고로 시상은 USGA가 주관하는 U.S. 오픈이 열리는 기간에 이뤄집니다.

위대한 골퍼들

06

그해에 가장 뛰어난 실력을 보여준 골퍼들에게 주어지는 상은 전설적인 골퍼들의 이름을 딴 경우가 많습니다. 역사와 전통을 중시하는 골프에서, 그만큼 레전드라고 불리는 사람들이 인정받고 대우받는다는 증거이기도 합니다. 현대 골프에서 타이거 우즈의 존재는 절대적입니다. 굳이 현대 골프로 한정 짓지 않더라도, 그가 보여준 퍼포먼스와 골프 업계에 끼친 영향은 그 누구와도 비견되기 어렵습니다. 하지만 현재의 그가 있기까지 지금의 골프를 만든 사람들이 있습니다.

위대한 아마추어 - 바비 존스

바비 존스를 위대한 아마추어라고 부르는 이유는 끝까지 아마추어로서의 지위를 유지하면서 골프 역사에 아주 큰 발자취를 남겼기 때문입니다. 바비 존스는 '주요 골프 대회' 부분에서 언급했듯이 골프 역사에 있어서 진정한 의미의 그랜드 슬램, 즉 한 해에 4개의 메이저 대회를 모두 석권한 유일한 골퍼입니다. 그때가 1930년, 그가 28세가 되던 해였습니다.

바비 존스가 골프에 남긴 또 하나의 발자취는 바로 마스터스 대회입니다. 1930년 그랜드 슬램 목표를 달성한 이후, 바비 존스는 갑자기 은퇴를 선언하고, 1931년에 다른 투자자들과 함께 조지아 주 오거스타Augusta에 땅을 매입하며 골프장을 지었습니다. 이 골프장이 바로 1933년 오픈한 오거스타 내셔널이고, 1934년 이후 여기서 열린 대회가 바로 마스터스 대회입니다.

위대한 삼두마차 Great Triumvirate

위대한 3명의 골퍼가 동시대에 활약을 한 시대가 있었는데, 공교롭게 3명 모두 1912년에 태어났습니다. 바로 바이런 넬슨Byron Nelson, 샘 스니드Sam Snead, 벤 호건Ben Hogan입니다. 골퍼들에게는 꽤나 익숙한 이름일 것입니다. 한 골퍼의 이름을 딴 대회도 열리고 있으며, PGA 투어 최다승의 주인공으로, 그리고 불굴의 의지를 상징하는 골퍼로도 회자됩니다.

바이런 넬슨 – 모던 스윙의 대가, 11연속 우승의 기록

바이런 넬슨은 모던 스윙Modern Swing의 대가로 잘 알려진 골퍼입니다. 사실 바이런 넬슨의 스윙이라고 알려진 동작(많은 파워를 내기 위해 왼쪽 팔을 쭉 펴면서 왼쪽 몸을 견고하게 지지하는 스윙)은 바비 존스가 거의 처음 사용했던 것으로 알려져 있지만, 이를 최근의 스윙에 가장 가깝게 만든 사람은 바이런 넬슨이었습니다. 또한 바이런 넬슨은 스틸 샤프트를 가장 성공적으로 사용한 골퍼였습니다. 새로운 장비와 결합된 그의 스윙은 당시 경쟁자들과 큰 격차를 만들었고 투어에서 52승(메이저 5승)이라는 성과를 올리게 해주었습니다. 그의 기록에서 빠지지 않는 것이 바로 1945년입니다. 그해의 바이런 넬슨은 거의 천하무적이었다고 전해집니다. 앞으로도 깨질 확률이 거의 없다고 보여주는 한 해 18승, 특히 11개 대회 연속 우승이라는 기록을 세웠죠. 그해에 열린 대회가 35개 대회였으니, 절반 이상의 대회를 한 명의 선수가 우승한 것입니다.

샘 스니드 – PGA 투어 최다승

타이거 우즈의 PGA 투어 최다승 소식이 나올 때마다 언급되는 두 사람이 있습니다. 바로 메이저 대회 최다승(18승) 기록의 잭 니클라우스와 PGA 투어 최다승 기록의 샘 스니드(82승)입니다. 샘 스니드는 '슬래머' 혹은 '슬래밍 샘'이라는 별명처럼 굉장한 장타자로 알려져 있습니다. 적어도 재능에 있어서는 타의 추종을 불허한다고 볼 수 있는데, 골프를 독학으로 배워서 투어 82승이라는 기록을 세웠습니다. 하지만 안타깝게 U.S. 오픈을 우승하지 못하면서 커리어 그랜드 슬램을 기록하지는 못했습니다.

벤 호건 - 가장 위대한 골퍼

벤 호건은 역사상 가장 위대한 골퍼로 칭송받는 인물 중 한 명입니다. '위대하다'라는 표현은 여러 가지 의미가 있을 수 있지만, 벤 호건의 '위대함'에는 그의 스윙 이론과 볼 타격 능력, 그리고 그의 불굴의 의지가 담겨 있습니다. 그는 골프에 의미 있는 발자취를 남겼는데, 그중 하나가 스윙 이론입니다. 골프 레슨과 관련된 많은 책들이 나와 있지만, 그가 쓴 『모던 골프Five Lessons: The Modern Fundamentals of Golf』는 지금까지도 스윙 이론의 바이블로 여겨집니다. 이 책에는 벤 호건이 주장했던 손목의 움직임, 왼쪽 골반의 회전, 그리고 스윙 플레인 개념이 보기 쉽게 정리되어 있는데, 골퍼라면 꼭 한 번 읽어볼 만한 책입니다.

벤 호건이라는 인물을 말할 때, 그의 불굴의 의지를 빼놓을 수 없습니다. 전성기였던 1949년에 큰 교통사고를 당했고, 다시 걸을 수 없을지 모른다는 비관적인 진단을 받았음에도 결국 골프로 돌아와서 업적을 이루어냈습니다. 1953년에는 3개의 메이저 대회에서 우승하여 '트리플 크라운'이라는 말을 만들어내게 되는데, 이 기록은 타이거의 우즈의 기록, 즉 2000년 3개 메이저 대회 우승 기록이 세워질

때까지 약 50년 동안 골프의 전설로 남아 있었습니다. 타이거 우즈의 부활을 꿈꾸는 이들에게 벤 호건의 이야기가 가장 희망적인 시나리오로 언급되는 것도 당연해 보입니다.

빅 3

골프에도 '카메라'를 이용한 미디어가 본격적으로 등장하던 시기에 빅 3 Big Three 라고 불리는 3명의 골퍼가 활약을 했습니다.

아놀드 파머 - The King

카메라의 등장과 더불어 골프에 가장 새로운 바람을 일으킨 사람은 단연 아놀드 파머입니다. 아놀드 파머는 골프 역사에 있어서 가장 카리스마가 강한 사람으로 평가됩니다. 그리고 1950년대에 시작된 '텔레비전 시대'를 누빈 최초의 슈퍼스타로 각인되어 있습니다. 아놀드 파머 이전의 골프가 귀족적이고 소수의 사람들을 위한 스포츠였다면, 아놀드 파머 이후의 골프는 더욱 대중적으로 친근하게 다가서는 스포츠가 되었는데 그 일등 공신이 아놀드 파머였죠.

안타깝게도 아놀드 파머는 커리어 그랜드 슬램을 달성하지는 못했습니다. 그가 끝까지 공략하지 못했던 대회가 바로 PGA 챔피언십인데, 이 대회에서 준우승만 세 번한 기록을 가지고 있습니다. 그는 커리어 동안 PGA 투어 통산 62승을 기록했는데, 이 중 7승이 메이저 대회 우승기록입니다. PGA 투어에서 최초로 상금액 100만 달러를 돌파한 골퍼, 그리고 그의 이름을 브랜드화시킨 골퍼로 기억되고 있고, 그의 이름을 딴 대회인 아놀드 파머 인비테이셔널Arnold Palmer Invitational도 열리고 있습니다.

잭 니클라우스 - 세기의 골퍼

잭 니클라우스를 이야기할 때 '세기의 선수Player of the Century'라는 표현을 쓰기도 합니다. 100년에 한 번 나올까 말까 한 골퍼라는 뜻으로, 그만큼 그의 업적은 타의 추종을 불허합니다. 특히 그가 기록한 메이저대회 18승은 당분간 깨지기 어려운 기록으로, 어쩌면 깨질 수 없는 기록으로 남을지도 모르겠습니다.

아놀드 파머와 잭 니클라우스는 가장 강력한 라이벌을 형성하며 선의의 경쟁을 펼쳤습니다. 잭 니클라우스는 아놀드 파머에 비해 대중성은 낮았습니다. 골프 팬들에게 친숙하게 다가서는 아놀드 파머에 비해서, 잭 니클라우스는 조금 무뚝뚝하고 자신의 플레이에만 집중하는 스타일이었습니다. 하지만 압도적인 퍼포먼스를 보여준 골퍼로 평가받습니다. 잭 니클라우스는 골프 코스 디자인에서도 활발한 활동을 펼치고 있는데, 우리나라에도 그가 설계하고 이름을 붙인 골프장이 운영되고 있습니다.

게리 플레이어 - 미스터 피트니스

빅 3의 마지막 골퍼는 바로 게리 플레이어입니다. 남아프리카공

화국 출신인 게리 플레이어는 조금은 운이 나쁜 골퍼입니다. 왜냐하면 전성기에 거대한 2개의 산을 넘어야 했기 때문이죠. 아놀드 파머와 잭 니클라우스라는 산 말입니다. 게리 플레이어는 PGA 투어 우승 전적이 24승밖에 되지 않기 때문에 두 선수에 비해 상대적으로 승수가 적어 보이긴 하지만, 그가 다른 투어에서 활약한 성적까지 합치면 100승이 넘는 성적을 가지고 있습니다. 또한 메이저 대회에서만 9승을 올려서, 이 부분에서는 벤 호건과 함께 공동 4위에 올라 있습니다. 그리고 이 메이저 대회에 있어 4개의 서로 다른 대회를 우승하면서, 커리어 그랜드 슬램을 이룩한 골퍼, 특히 커리어 그랜드 슬램을 기록한 '비非 미국인' 골퍼로 인정받습니다.

게리 플레이어는 일반 아마추어 골퍼들에게도 큰 가르침을 주는 골퍼입니다. 팔순이 된 나이에도 잘 유지된 몸매를 선보여서 화제가 된 적이 있고, 자신의 신체적인 능력을 극대화하기 위해서 피지컬 피트니스를 꾸준하게 했다는 점에서 교훈을 줍니다. 그래서 그의 별명 중 하나가 미스터 피트니스Mr. Fitness입니다. 함께 경쟁했던 아놀드 파머와 잭 니클라우스와는 달리 168센티미터의 단신이었던 게리 플레이어는 피트니스와 식이 요법 등을 통해서 자신의 단점을 극복한 것으로 잘 알려져 있습니다. 게리 플레이어 역시, 골프 코스 디자인 분야에서 많은 성과를 이루었습니다. 게리 플레이어 디자인Gary Player Design이라는 회사를 설립한 이후에 전 세계 곳곳에 약 400여 개 이상의 골프 코스를 설계하였습니다.

여자 골프의 발전

1950년 LPGA의 시작 - BIG 4의 시대

1950년대 이전에도, 베어 트로피의 주인공인 글레나 콜렛 베어, 그리고 커티스 컵의 기반을 만든 커티스 자매가 있지만, 여자 골프는 1950년대 LPGA의 시작이 중요한 모멘텀의 의미를 갖습니다. 다른 스포츠와 마찬가지로, 골프 역시 뛰어난 몇 사람의 스타로 인해서 큰 인기를 끌게 됩니다. 그 대표적인 인물이 바로 베이브 자하리스Babe Zaharias 선수입니다. 우리가 흔히 만능 스포츠맨·스포츠우먼이라는 표현을 많이 쓰는데 이 단어에 가장 적합한 골프 선수는 베이브 자하리스일 것입니다. 골퍼로서의 명성과 함께, 1932년 올림픽 금메달 수상자로도 잘 알려진 선수입니다. 당시 금메달을 안겨준 종목은 투창과 80미터 허들이었습니다. 또한 수영, 다이빙, 피겨 스케이팅, 테니스 그리고 야구까지 최상위 수준의 플레이를 했던 '원더우먼' 같은 선수였습니다.

베이브 자하리스 선수와 함께 당시 골프계에서 뛰어난 활동을 펼친 골퍼가 바로 패티 버그Patty Berg입니다. 패티 버그는 당시 메이저 대회에서만 15승을 거두었고, 이 중 타이틀홀더스 챔피언십 Titleholders Championship에서 1937년부터 1939년까지 3년 연속 우승을 했습니다. 이렇게 메이저 대회를 3년 연속 우승한 기록을 가진 선수가 2명 더 있는데, 바로 안니카 소렌스탐과 한국의 박인비 선수입니다.

빅 4의 나머지 2명은 벳시 롤스Betsy Rawls와 루이스 석스입니다. 벳시 롤스는 투어에서 55승을 기록하면서 통산 다승 부문 6위에 올라 있으며, 은퇴 이후에는 LPGA의 첫 번째 토너먼트 디렉터로서 활발한 활동을 했습니다. 루이스 석스는 '여자 벤 호건'이라는 별명을 가질 정도로 스윙 스피드에 있어서 단연 두각을 나타낸 선수입니다. 투어에서도 61승을 기록하며, 안니카 소렌스탐에 이어 다승 부문 4위를 차지하고 있습니다. LPGA 투어에서 두각을 나타낸 신인 선수에게 주어지는 상이 루이스 석스 롤렉스 신인상인데 이렇게 그녀의 이름이 아직도 기억되고 있습니다.

낸시 로페즈 – 여자 아놀드 파머

아놀드 파머라는 슈퍼 스타의 등장은 골프 흥행 요소가 되었습니다. 여자 골프에서도 이러한 역할을 한 선수가 있는데 바로 낸시 로페즈입니다. 아놀드 파머에 비견되는 이유는 투어 데뷔 무대에서 압도적인 실력을 선보이면서, 대회장마다 갤러리를 몰고 다니는 여자 골프의 아이콘이었기 때문입니다. 1978년에는 여자 골프 역사에서 의미 있는 기록이 세워졌는데, 신인 선수인 낸시 로페즈가 5연속 우승과 함께 그해 9승을 차지하며 올해의 선수상과 상금왕을 함께 수상한 것입니다. 이런 선수가 올해의 신인상을 받는 것은 당연한 결과이니, 3개의 의미 있는 상을 동시에 수상한 트리플 크라운까지 달성했습니다. 참고로 이 기록은 다시는 나올 것 같지 않지만, 2017년 한국 선수가 다시 한번 역사를 만들어내는데 바로 박성현 선수입니다. 다만 낸시 로페즈는 1978년에 최저 평균 타수 상까지 수상했고, 박성현 선수는 안타깝게 평균 타수 1위를 기록하지는 못했습니다.

안니카 소렌스탐 – 골프 여제

최근 여자 골프가 한국을 비롯한 아시아 위주로 재편되고 있다는 것은 누구도 부인할 수 없을 것입니다. 하지만 이러한 최근의 움직임을 감안하더라도, 여자 골프에서 반드시 알아두어야 할 사람이 있습니다. 바로 안니카 소렌스탐입니다. 안니카는 LPGA 통산 상금 부문에서 독보적인 1위를 기록하고 있으며, LPGA 투어에서만 72승을 거두었습니다. 한국의 박세리 선수가 25승이니, 안니카 소렌스탐이 얼마나 많은 우승을 했는지 비교할 수 있을 겁니다. 안니카 소렌스탐은 2001년 한 대회에서 59타를 기록하며, LPGA 투어 최저타 기록을 세우기도 했습니다. 특히 편안한 스윙과 함께 강력한 멘탈이 조화된 가장 이상적인 선수로 평가받고 있습니다. 한 인터뷰에서, 자신이 가진 강력한 멘탈이 열다섯 번째 클럽이라고 표현했을 정도이니, 그녀의 성과 뒤에 강한 자신감이 있었다는 것은 충분히 예측할 수 있습니다. 이제 시니어 투어에 도전하는 안니카 소렌스탐의 성과를 지켜보는 것도 중요한 관전 포인트가 될 것입니다.

장비 규칙

07

골프 장비에도 규칙이 있다는 점은 앞에서 언급했습니다. 2019년 규칙 개정에서 눈에 띄는 부분은 장비 규칙이 별도 책자로 분리되었다는 점입니다. 그만큼 장비의 중요성과 영향을 미치는 범위가 커졌다는 뜻으로 해석할 수 있습니다. 장비의 발전이 지속되면서 골프에 '영향'을 미치는 상황에 대한 우려와 경계의 목소리도 높아지고 있고 장비의 발전으로 인해 골프가 쉬워지면 안 된다고 말하는 사람들도 있습니다. 골프 규칙을 주도하는 USGA와 R&A 두 기관의 입장은,

골프라는 게임이 '장비'에 의해서가 아니라 개인의 연습과 스킬에 의존해야 하며, 게임에 있어 실력의 차이가 장비로 인해 줄어서는 안 된다는 것입니다. 실력이 좋지 않은 골퍼가 단순히 새로운 기술의 장비를 사용하면서 실력이 좋아지는 것에 대한 거부감을 갖고 있다고 할 수 있습니다.

장비의 범위

장비 규칙 책자를 살펴보면, 골프 장비에 속하는 요소가 무엇인지 확인할 수 있습니다. 클럽과 볼이 주가 되지만 이 외에도 장비와 도구에 대한 범위가 망라되어 있습니다.

1. 골프 티
2. 골프 장갑
3. 골프 신발
4. 의류
5. 사용할 수 있는 테이프(근육 테이프)
6. 비거리 측정기

이런 장비 규정을 일일이 외울 필요는 없겠지만, 적어도 한 가지만 명심하면 좋을 것 같습니다. '과도한 도움을 받아서는 안 된다'는 것입니다. 예를 들어, 골프 장갑의 재질 등에 대해서는 특별한 언급은 없지만, 그립을 잡기 쉽도록 과도하게 변형한 장갑을 사용할 수는 없습니다.

아마추어 골퍼는 선수도 아닌데 이런 장비의 도움을 받는 것이 왜 문제가 되느냐고 반문할 수 있습니다. 하지만 이러한 장비의 도움을 받는 것은 기본적으로는 임시처방일 뿐이므로 골프를 중장기적으로 오래 즐기는 것이 중요한 골퍼들에게는 장비를 통한 도움만이 아니라, 연습 혹은 교습의 도움으로 자신의 단점을 극복해 나가는 것이 중요하다는 점을 기억해야 합니다.

골프 클럽에 대한 규칙

'공인된 클럽'을 사용한다는 규정을 지키기 위해 골프 클럽은 여러 테스트를 통과해야 합니다. 그리고 골프 클럽의 공인을 받기 위한 5가지 항목은 장비 규칙 책자에 잘 정리되어 있습니다.

1. 클럽(일반)
2. 샤프트(Shaft)
3. 그립(Grip)
4. 클럽 헤드(Club Head)
5. 클럽 페이스(Club Face)

아마추어 골퍼가 기억해두면 좋은 장비 규정은 다음과 같습니다.

클럽 헤드의 부피 제한 - 460cc

클럽 헤드에 대한 제한은 우리가 '사이즈'라고 부르는 클럽 자체의 부피Volume입니다. 공인된 클럽이라면, 헤드의 체적이 460cc를 넘는 경우는 없습니다. 당연히 헤드의 크기가 증가하면, 클럽 페이스의 면적을 넓힐 수 있고, 관용성 역시 증가하기 때문에 퍼포먼스의 이점을 가져올 수는 있습니다. 하지만 지나치게 큰 경우 다운스윙 시 공기의 저항을 받게 되므로 클럽 스피드가 떨어진다는 단점이 있습니다. 그래서 많은 제조사들이 설계 단계에서 다양한 방식으로 공기의 저항을 줄이려는 시도를 하고 있습니다.

클럽 헤드의 반발력 - 스프링 효과

클럽 헤드에서 가장 중요한 요소 중 하나는 클럽 헤드 자체의 반발력입니다. USGA는 클럽 헤드가 골퍼의 힘을 전달하는 데 있어, 특정 수치 이상의 반발력을 가지지 못하도록 제한하고 있습니다. 티타늄 헤드가 개발되고, 소재를 다루는 기술이 발전하면서 클럽 페이스를 더욱 얇게 만들 수 있게 되었고, 이는 같은 힘으로 치더라도 더 많은 힘을 골프볼에 전달할 수 있다는 것을 의미하게 됩니다. 즉, 비거리의 향상으로 이어지는 것이죠. 그래서 1990년대 말 이후에 모든 클럽은 반발력의 규제를 받게 됩니다. 일반적으로 클럽의 반발계수는 0.83으로 알려져 있는데, 이를 측정하는 방식을 지속적으로 개선하면서 반발력에 대한 제한을 강화하고 있습니다.

시중에는 '꿈의 비거리를 낼 수 있다'는 문구로 골퍼들을 유혹하는 비공인 클럽이 판매되고 있습니다. 클럽 페이스를 더 얇게 만들어서 스프링 효과를 강화한 것인데 이러한 얇은 페이스는 아주 빠른 스피드를 가진 골퍼들이 사용할 경우 내구성 문제가 발생할 여지가 있다는 단점이 있습니다.

골프볼에 대한 규칙

골프볼 역시 중요한 장비 중 하나입니다. 골프볼마다 퍼포먼스 차이가 있다는 점에서 몇 가지 원칙을 가지고 골프볼을 선택해야 한다고 언급한 바 있습니다. 클럽과 마찬가지로 골프볼에도 정해진 규칙이 있으며, 크게 6가지로 구분됩니다.

1. 일반(골프볼의 재질 등)
2. 무게
3. 크기
4. 구형의 대칭성
5. 초속
6. 전체 비거리 표준

이 중 아마추어 골퍼가 살펴보아야 할 기준은 다음과 같습니다.

무게와 크기

장비 규칙에 의하면, 하나의 골프볼은 45.93g보다 무겁게 만들 수 없으며, 42.67mm보다 작게 만들 수 없습니다. 물리적 성질상, 골프볼이 무거워지면 운동에너지가 더 증가하며, 작아지면 공기의 저항을 더 적게 받기 때문입니다. 즉 무겁고 작으면 더 멀리 날아갈 수 있기 때문에 이러한 규정을 두는 것입니다. 시중에 판매되는 비공인 제품들은 좀 더 무겁게 만들거나, 조금 더 작게 만들어져 있습니다. 물론 이 비공인 제품들이 실제로 비거리가 우수한지에 대해서는 많은 이견이 있습니다만, 조금이라도 더 멀리 치고 싶은 골퍼들에게는 분명 어필되는 제품입니다.

구형의 대칭성

골프볼이 대칭성 있게 움직이도록 해야 한다는 규정입니다. 골프볼을 어느 방향으로 치더라도, 결과의 편차가 커서는 안 된다는 것이죠. 어쩌면 당연한 이야기일 수 있겠지만, 골프볼은 딤플의 배치와 설계 등을 통해서 충분히 결과를 바꿀 수 있기 때문에, 이러한 인위적인 볼 비행을 가능케 하는 골프볼을 만들지 못하도록 규제하고 있습니다.

폴라라Polara라는 골프볼을 기억하는 분들이 있으실 겁니다. 슬라이스를 줄여주며 볼 비행을 스스로 보정해준다고Self Correcting 광고하는 골프볼입니다. 이 골프볼을 자세히 보면 딤플 패턴이 다릅니다.

비대칭성의 딤플을 활용하여 스핀 축이 무너져 발생하는 백스핀(흔히 사이드 스핀으로 표현되는)을 줄여주도록 만들었다고 합니다. 사실 슬라이스의 발생 원인은 스윙 궤도와 클럽 페이스의 잘못된 만남에 있기에, 슬라이스가 날 골프볼을 페어웨이로 보내주지는 못하겠지만, 슬라이스로 고민하는 골퍼들 입장에서는 귀가 솔깃한 골프볼인 것은 분명합니다.

총비거리 표준

마지막 테스트는 바로 골프볼의 총거리 Overall Distance에 관련된 것입니다. 시뮬레이션 환경(론치 앵글: 10도, 스핀량: 약 2500RPM, 클럽 스피드 120mph)에서 317야드 이상의 총거리를 가져서는 안 된다는 것입니다. 여기서 총거리라 하면 캐리와 롤로 인한 거리를 모두 합산한 수치입니다. 하지만 317야드 이상의 비거리를 내는 선수들이 많기 때문에, 규정에 어긋난 것이 아닌가 하는 의문을 가질 수 있을 수 있습니다. 이는 앞서 말한 시뮬레이션 환경, 즉 론치 컨디션과 연관이 있습니다. 실제 환경에서는 선수 그리고 일반 골퍼들도 론치 각도, 스핀량, 그리고 클럽 스피드를 최적으로 조합하여, 더 긴 총거리를 낼 수 있습니다. 그래서 클럽과 볼 모두 피팅을 이해하는 것은 도움이 됩니다.

골프 장비에 대한
오해와 진실

08

골퍼들이 장비에 대해 갖는 관심은 대단합니다. 2부에서 클럽과 장비 선택에 대한 이야기를 했는데 이번에는 골프 장비를 둘러싼 여러 오해와 진실에 대해 정리해보고자 합니다. 최근 유튜브를 비롯해 다양한 미디어들이 발달하면서, 너무 많은 정보가 쏟아져 나오고 있어 소비자, 즉 골퍼에게 혼동을 주는 경우들이 있습니다.

클럽의 플렉스에 표기된 알파벳에 의존하지 말라

클럽을 구매할 때 어떤 샤프트 플렉스를 선택해야 할지 고민이 많을 겁니다. 플렉스Flex는 흔히 S, R, SR 등으로 표현되는데, 클럽을 구매하게 되면 샤프트에 스티커로 붙어 있거나 각인이 되어 있습니다. 그래서 동반자가 쓰는 클럽을 보고 "샤프트가 S야?"라는 질문을 한다거나, "난 S는 너무 버겁더라" 등의 대화를 하게 됩니다. 이는 샤프트의 강도를 나타내는 지표 중 하나입니다. 예를 들어, S-플렉스는 R-플렉스에 비해서 조금 더 강성이 있는 샤프트일 '가능성'이 높습니다.

여기서 제가 '가능성'이라고 말하는 이유는, 이 플렉스에 쓰인 알파벳이 절대적인 플렉스 기준이 될 수 없기 때문입니다. 같은 제조사의 같은 모델이라면 당연히 R과 S는 차이가 납니다. 하지만 A라는 제조사의 'S-플렉스'와 B라는 제조사의 'S-플렉스'는 같지 않을 가능성이 높습니다. 더 극단적으로 말하면, A라는 제조사의 'R-플렉스'가 B라는 제조사의 'S-플렉스'보다도 '강한' 샤프트일 수도 있다는 것입니다.

흔히 스윙 스피드 혹은 골퍼가 가진 힘을 가지고 플렉스를 선택한다고 믿는 경향이 있습니다만, 실제로는 스윙의 리듬 및 템포, 피팅 관점에서의 퍼포먼스(예를 들어 스핀량, 론치 앵글 등), 그리고 골퍼가 타격 시에 느끼는 타구감 등을 종합적으로 고려한 샤프트 결정이 필요합니다. 최근에는 전문적인 피팅샵뿐만 아니라, 일반 매장에서도 피팅 및 시타가 가능하기 때문에, 클럽을 구매할 때에는 반드시 '직접 쳐보고, 수치를 확인하며, 타구감을 비교해보는' 과정을 거쳐야 합니다. 또한 각 제조사의 홈페이지에서도 샤프트, 특히 커스텀 주문을 위한 샤프트의 종류와 스펙이 상세하게 소개되어 있으니, 이러한 데이터 혹은 자료를 참고하시는 것도 좋습니다.

아이언 클럽 번호는 숫자에 불과하다

우리는 당연히 모든 7번 아이언의 비거리가 비슷할 거라고 생각하지만 실제로는 그렇지 않습니다. 아이언 역시 제조사나 모델별로 아이언의 로프트가 다릅니다. USGA와 같은 기관에서 '앞으로 7번 아이언의 로프트는 35도로 통일하겠습니다'라고 발표하지 않는 한 서로 다른 제조사, 심지어 같은 제조사 내에서도 모델별로 아이언의 로프트 차이가 존재합니다.

제조사 및 모델	7번 아이언 로프트
타이틀리스트 T100	34도
타이틀리스트 T300	29도
테일러메이드 P790	30.5도
미즈노 JPX 919	31도
Ping G425	30도
Ping i59	34도
XXIO Forged 아이언	30도

7번 아이언 기준 로프트. (출처: 각 제조사 홈페이지)

표를 보면, 아이언 클럽의 제조사별·모델별 차이는 생각보다 크다는 것을 알 수 있습니다. 로프트가 중요한 이유는 클럽의 비거리에 영향을 미치는 3가지 요소 중 2가지, 즉 론치 각도와 스핀량에 영향을 미치기 때문입니다. 론치 앵글과 스핀량이 '높다' '낮다'가 '좋다' '나쁘다'를 결정짓지는 않습니다. 그저 '다를' 뿐입니다. 다만 이러한 차이가 클럽의 퍼포먼스, 즉 결과의 차이로 나타나게 됩니다. 예를 들어 로프트가 낮아지면 비거리 측면에서는 이익을 볼 가능성이 높습니다. 탄도와 스핀량이 낮아지면서 비거리, 특히 롤 거리가 길어질 수 있기 때문입니다. 하지만 이는 골프볼을 그린 위에 세우는 것이 상대적으로 어렵다는 의미이기도 합니다. 아이언이라는 클럽의 목적이 그린 위에 공을 세우는 것이라는 사실을 고려해볼 때, 단순히 비거리가 길다는 사실만으로 더 좋은 클럽이라고 말하기는 어렵습니다.

골프볼의 피스 수에 현혹되지 말라

골프볼을 구매하러 매장에 들렀다고 가정해보겠습니다. 이때 새로운 제품을 보았다면 2가지 질문을 하게 됩니다. 바로 '가격'과 '피스 수' 입니다. 특히 피스 수만으로 골프볼의 퍼포먼스를 예측하는 경우가 많은데, 실제로 이런 예측만으로 골프볼을 선택하는 것은 위험 부담이 있습니다. 왜냐하면, 같은 피스 수를 갖는다고 하더라도, 퍼포먼스의 차이가 많고, 2피스 제품 중에서도 3피스 제품보다 품질이 우수한 경우가 있기 때문입니다. 골프볼의 외형이나 타구감만으로 몇 피스 제품인지를 구분하기는 어렵습니다. 해당 제품이 몇 피스 구조인지에 따라 성능을 예단하지는 마시기 바랍니다.

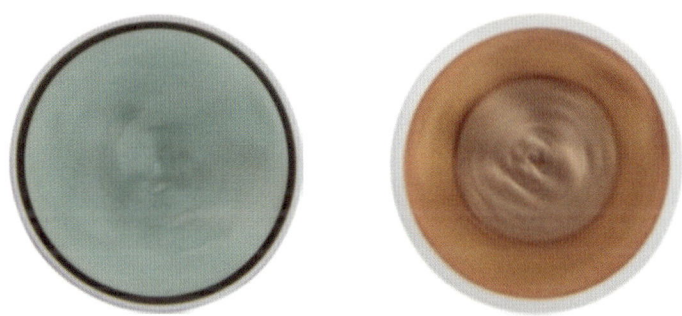

같은 3피스 제품이지만, 좌측은 커버가 2개, 우측은 코어가 2개입니다. 피스 수는 같지만 퍼포먼스는 전혀 다른 골프볼입니다. 참고로 좌측이 우레탄 커버를 가진 골프볼일 가능성이 높습니다.

여성용 골프볼은 따로 있지 않다

골프볼과 관련하여 여성 골퍼들과 이야기를 나눌 때, 공통적으로 하는 말이 몇 가지 있습니다. 그중 하나가 어떤 볼들은 '무거워서 쓰지 못한다'는 것입니다. 여기서 '무겁다'라는 표현에 집중할 필요가 있습니다. 실제로 골프볼은 USGA와 R&A가 규정하는 골프볼의 무게, 즉 45.93그램에 가깝게 만들기 위해 노력합니다. 45.93그램을 넘으면 공인구가 될 수가 없기 때문입니다. 즉, 골프볼의 무게 차이가 거의 없다는 의미이기도 합니다. 그럼에도 불구하고 '무겁다'고 느끼는 이유는 타구감이나 컴프레션과 연관이 있습니다. 컴프레션이 높으면 좀 더 단단한 타구감을 느낄 가능성이 높고, 이를 '무겁다'고 표현하게 되는 것이지요. 하지만 이러한 '무거운' 제품 중에는 충분한 스핀량 그리고 볼스피드를 통해 여성들에게도 더 좋은 퍼포먼스를 제공하는 경우가 많이 있습니다. 여성용 골프볼이 따로 있지는 않습니다. 다만 색상이나 타구감을 통해 여성들에게 더 어필할 수는 있겠지요. 성별이나 나이에 관계없이 자신에게 맞는 골프볼을 선택하는 것은 모든 골퍼에게 중요합니다.

페어웨이 우드를 '쓸어 친다'는 말을 이해하자

일반적으로 페어웨이 우드를 칠 때에는 '쓸어 친다'고 표현합니다. 하지만 이 표현이 올바른지에 대해서는 한 번 더 확인할 필요가 있습니다. 쓸어 쳐야 한다는 생각에 체중 이동이 잘 안 되거나, 정확한 임팩트가 일어나지 않는 경우가 있는데, 이런 경우 자신의 어택 앵글에 문제가 있는 것은 아닌지 생각해봐야 합니다.

페어웨이 우드는 치는 방식이 조금 다른 것으로 알고 있지만, 실제로 론치 모니터에 나타나는 결과를 살펴보면 의미 있는 부분이 있습니다. 바로 어택 앵글이라고 하는 것인데, 이는 클럽과 골프볼의 임팩트가 일어나기 직전에 클럽이 어떤 각도로 골프볼에 접근하는지 수치로 나타내는 것입니다. 다음 도표에서 트랙맨(PGA 투어 평균)의 데이터를 보면 페어웨이 우드 역시 마이너스의 수치를 갖습니다.

	클럽 스피드 (mph)	어택 앵글 (°)	볼 스피드 (mph)	스매시 팩터 (mph)	론치 앵글 (°)	스핀량 (rpm)	최대 높이 (야드)	하강 각도 (°)	캐리 거리 (야드)
드라이버	113	-1.3	167	1.48	10.9	2686	32	38	275
3번 우드	107	-2.9	158	1.48	9.2	3655	30	43	243
5번 우드	103	-3.3	152	1.47	9.4	4350	31	47	230
하이브리드 (15~18도)	100	-3.5	146	1.46	10.2	4437	29	47	225
3번 아이언	98	-3.1	142	1.45	10.4	4630	27	46	212
4번 아이언	96	-3.4	137	1.43	11.0	4836	28	48	203
5번 아이언	94	-3.7	132	1.41	12.1	5361	31	49	194
6번 아이언	92	-4.1	127	1.38	14.1	6231	30	50	183
7번 아이언	90	-4.3	120	1.33	16.3	7097	32	50	172
8번 아이언	87	-4.5	115	1.32	18.1	7998	31	50	160
9번 아이언	85	-4.7	109	1.28	20.4	8647	30	51	148
피칭 웨지	83	-5.0	102	1.23	24.2	9304	29	52	136

페어웨이 우드와 하이브리드의 어택 앵글이 유사함을 볼 수 있습니다. (출처: Trackman 골프)

쓸어 친다는 동작은 임팩트 이전이 아니라 임팩트 이후에 조금 더 길게 팔로우 스루를 가져가면서 치라는 뜻입니다. 이는 스윙의 리듬과 템포라는 측면에서도 조금 여유를 가지고 피니쉬를 가져가라는 의미로 해석될 수 있습니다.

페어웨이 우드 티샷 – 기대보다 정확하지 않을 수 있다

종종 많은 골퍼들이 정확성을 위해 티샷에서 페어웨이 우드를 선택하곤 합니다. 사실 어느 클럽이 더 유리한지에 대해서는 꽤나 많은 논쟁이 있습니다.

드라이버와 페어웨이 우드는 각 클럽 모두 나름대로 장단점을 가지고 있습니다. 드라이버의 경우 클럽 헤드가 상대적으로 크다 보니 관용성과 볼 스피드에서 장점이 있습니다. 일단 더 멀리 칠 수 있다는 거죠. 하지만 페어웨이 우드는 드라이버보다 샤프트가 짧고 컨트롤이 쉽기 때문에 정확성이 높다는 장점이 있습니다. 가끔 페어웨이 우드가 드라이버보다 더 멀리 갔다고 느끼는 것은 '정타'에 더 가깝게 맞는 경우가 있기 때문일 것입니다.

그런데 아주 흥미로운 조사 자료가 하나 있습니다. 골프용 GPS 장비 업체로 유명한 샷 스코프Shot Scope의 자료에 의하면, 핸디캡에 관계없이 드라이버와 페어웨이 우드에 의한 티샷의 결과가 큰 차이가 없었습니다. 즉, 페어웨이를 지킬 확률의 차이가 크지 않다는 것입니다.

결국 우리가 어떤 클럽으로 티샷을 하느냐는 코스 매니지먼트 전략에 따라 결정되는 것이 좋다는 의미가 될 수 있습니다. 즉, 티샷이 떨어질 곳의 위험도 등을 고려해야 한다는 것이죠. 자신의 드라이버 샷이 떨어질 랜딩존Landing Zone에 벙커나 페널티 구역과 같은 위험 요소가 있다면 약간의 거리 손해를 보더라도, 페어웨이 우드로 티샷

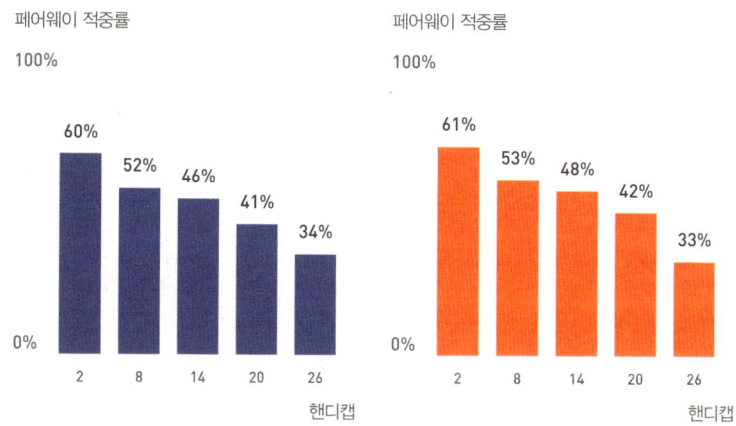

드라이버와 페어웨이 우드의 핸디캡별 정확도 차이(Fairway Hit)는 생각보다 크지 않습니다. (출처: ShotScope)

을 하는 것이 좋습니다. 무조건 멀리 치는 것이 유리한 것이 아니라 다음 샷을 하기에 적합하거나 벌타를 받지 않을 곳으로 볼을 보내는 것을 더 중요하게 생각하면서, 그 관점에서 클럽 선택을 해야 한다는 것입니다.

골프 티의 높이는 생각보다 더 중요하다

장비 규칙에는 골프 티에 대해서도 자세히 규정하고 있습니다. 클럽과 볼만큼은 아니지만, 다른 용품들에 비해서는 좀 더 비중이 높습니다. 골프 티가 생각보다 더 중요하다는 뜻입니다. 티 높이는 의외로 샷의 결과에 큰 영향을 미치게 됩니다. 미국의 골프 전문 매체인

마이 골프 스파이의 테스트에 의하면, 티 높이를 0.5인치와 1.5인치로 맞춰 드라이버 샷을 한 결과, 1.5인치로 맞춘 드라이버 샷의 결과가 훨씬 좋았습니다. 특히 비거리의 경우 약 14야드 이상 증가하는 주목할 만한 결과가 나왔습니다.

드라이버 클럽의 헤드 위로 골프볼이 절반 정도 올라오도록 하는 것(중앙)이 일반적이지만, 목적에 따라 조금 더 낮게(좌측) 혹은 조금 더 높게(우측) 맞추기도 합니다.(출처 : 김태훈)

실제로도 많은 교습가들이 이상적인 티 높이로 1.5인치 정도를 추천하고 있습니다. 우리가 드라이버 샷을 준비할 때, 드라이버 헤드의 윗부분, 즉 '크라운'이라고 하는 부분보다 공이 절반 정도 올라온 높이가 1.5인치 정도가 됩니다.

드로우 혹은 페이드를 치기 위해서도 티 높이를 조절하게 되는데, 일반적으로 낮은 티는 페이드를 치는 데 조금 더 유리하다고 알려져 있습니다. 티 높이의 조절을 통해 '탄도'를 직접적으로 바꿔볼 수도 있습니다. 특히 맞바람이 불어서 탄도를 낮춰야 하는 상황에서는 티 높이를 좀 더 낮게 꽂는 것이 유리할 수 있습니다. 반대로 체공 시간을 늘리고, 탄도를 높이기 위해서는 티를 높게 꽂는 것이 좋습니다. 한 가지 티 높이를 고집할 것이 아니라, 상황에 따라서 약간의 티 높이 조절을 하는 것만으로도 비거리 혹은 탄도에 있어서 향상된 결과를 얻을 수 있다는 점을 꼭 기억하시길 바랍니다.

골프 통계

09

골프에서 가장 중요한 것은 결국 스코어입니다. 스코어는 티샷에서부터 퍼트까지 이루어지는 일련의 스트로크를 통해 만들어지게 됩니다. 그런데 골프에는 스코어뿐만 아니라 중요한 숫자들이 많이 있습니다. 바로 골프와 관련된 통계입니다. 이 통계 수치는 한 번의 라운드로 측정이 되지 않을 뿐만 아니라 스코어의 이면에 숨어 있어 잘 드러나지 않습니다. 하지만 이 숫자를 이해하게 되면, 골프 경기에서 어떤 요소들이 중요한지 쉽게 확인할 수 있으며, 자기 게임과의 비교를 통해 게임을 개선할 힌트를 얻을 수도 있습니다.

아마추어의 벙커 탈출 실력

2018년, 미국의 한 매체가 아마추어 골퍼들의 벙커 탈출 실력을 핸디캡에 따라서 분석한 적이 있습니다.

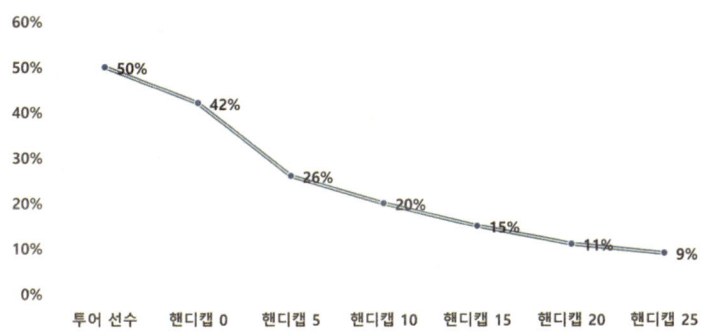

핸디캡별 벙커 세이브율. 핸디캡 25의 경우 벙커 세이브율이 10%가 채 되지 않습니다. (출처: GolfWRX)

50야드 이내의 벙커를 기준으로 측정한 수치인데, 투어 선수의 경우 약 50% 내외의 성공률을 보이는 데 반해, 아마추어의 경우 핸디캡이 높아짐에 따라서 급격하게 샌드 세이브 능력이 떨어지는 것을 알 수 있습니다. 특히 핸디캡 25 정도, 즉 우리가 100돌이라고 부르는 실력의 경우에는 10%도 채 되지 않는 샌드 세이브율을 보여주고 있습니다. 즉 벙커에 볼이 빠졌을 때 파 정도의 스코어를 기록한다는 것이 대단히 어렵다는 의미이기도 합니다.

더 직관적으로 말하면, 벙커에서는 '나오는 것'이 우선입니다. 거리감을 맞추기 위해 스윙의 크기를 줄이거나, 속도를 변화시켜 미스 샷을 유발하는 것보다는 우선 벙커를 탈출하는 것이 좋습니다.

많은 골퍼들이 벙커샷을 할 때에 유난히 어렵게 느끼는 거리가 있습니다. 그린 바로 옆의 벙커보다 30~50미터 정도 떨어져 있는 벙커를 훨씬 어렵게 느낍니다. 10미터 내외의 짧은 거리는 어떻게든 그린 위에 올리는 경우가 많지만, 30미터 이상의 애매한(?) 거리의 벙커샷은 그린 위에 올리기는커녕, 과도한 욕심과 자신감 상실로 인해서 빠져나오는 비율조차 더 낮습니다. 이는 프로의 경우에도 마찬가지인

거리별 샌드 세이브율

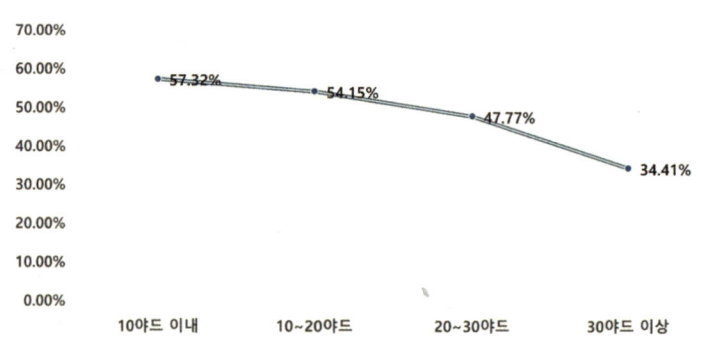

홀로부터의 거리별 샌드 세이브율 통계. PGA 투어선수들도 200야드 이상이 넘어가면 급격히 샌드 세이브율이 떨어지게 됩니다. (출처: PGATour)

듯합니다.

옆의 그래프처럼, 거리가 증가함에 따라서 샌드 세이브율이 하락하게 되는데, 20야드 이상이 넘어가면서 그 하락폭이 더 커지는 것을 볼 수 있습니다.

전 세계 최고 선수들조차도 샌드 세이브율 평균이 50% 정도밖에 되지 않습니다. 벙커에 볼이 들어가면 한두 타 정도는 손해 볼 수 있다는 것을 인정하고 플레이하는 것도 심리적으로 도움이 될 수 있습니다.

USGA와 R&A의 비거리 분석 보고서 - 남녀 비교

USGA와 R&A는 1년에 한 번씩 〈비거리 분석 보고서〉를 공개합니다. 전 세계 주요 투어에서의 평균적인 드라이빙 비거리의 변화가 주된 내용인데, 해당 보고서에는 영국의 아마추어 골퍼들에 대한 비거리 조사 자료도 포함되어 있습니다. 또한 단순한 비거리 조사만이 아니라 드라이버 사용 비율이 핸디캡별로, 즉 골퍼들의 실력별로 비교가 되어 있어 많은 시사점을 얻을 수 있습니다.

먼저 남자 골퍼의 경우 핸디캡이 낮은 골퍼들의 비거리가 당연히 우수합니다. 핸디캡 6 이하의 골퍼의 경우, 평균 비거리가 약 240야드 정도이니 미터로 환산하면 약 220미터 정도를 치는 셈입니다. 하지만 21 이상인 경우에는 180야드 정도로 급격하게 짧아지게 됩니다. 주목할 만한 것은 바로 드라이버를 치는 비율입니다. 핸디캡이

핸디캡	‹ 6	6-12	13-20	21+	평균
평균거리(야드)	239.2±2.7	219.8±1.8	200.0±2.5	176.6±6.8	215.6±1.4
최장거리(야드)	335.3	317.0	321.3	266.5	335.3
드라이버 사용률	84.5%	88.6%	89.3%	96.7%	88.2%

남성 골퍼의 핸디캡별 드라이빙 비거리, 그리고 드라이버 사용률이 조사되어 있습니다. 핸디캡 6 이하에서는 드라이버의 사용 비율이 85%까지 떨어지는 것을 볼 수 있습니다. (출처: USGA/R&A Distance Insight Report)

낮아질수록 드라이버로 티샷을 하는 비율이 낮아지는 것을 볼 수 있는데, 어느 정도의 비거리가 나게 되면, 코스 매니지먼트 관점에서 다양한 클럽을 활용하기 때문이라고 볼 수 있지 않을까 합니다.

핸디캡	‹ 6	6-12	13-20	21-28	29+	평균
평균거리(야드)	196.7±2.6	177.5±1.3	155.0±1.1	141.5±1.0	119.8±1.9	147.9±0.7
최장거리(야드)	261.5	254.2	255.6	227.1	207.1	261.5
드라이버 사용률	97.4%	96.1%	97.1%	98.0%	94.8%	96.9%

여성 골퍼의 핸디캡별 드라이빙 비거리와 드라이버 사용률. (출처 : USGA/R&A Distance Insight Report)

여성 골퍼의 경우에도 역시 핸디캡이 낮아질수록 비거리가 길어지는 것은 같습니다. 낮은 핸디캡을 가진 여성 골퍼들의 경우는 거의 160~180미터 정도의 비거리를 기록하는 것으로 나타나 있습니다. 하지만 남자 골퍼의 경우와는 달리 핸디캡에 따라서 드라이버 사용률의 차이가 크게 나지 않는다는 것은 흥미롭습니다. 이는 2가지 관점으로 해석할 수 있습니다. 첫 번째는 상대적으로 짧은 비거리이기 때문에 코스에서의 위험 요소에 노출이 덜 될 수 있다는 점, 두 번째는 드라이버를 치지 않고 플레이하기에는 골프장의 길이가 만만치 않다는 이유가 작용하고 있지 않을까 합니다. 사실 정확성이라는 측면에서도 생각해볼 수 있겠지만, 여성 골퍼가 더 정확하게 친다는 것보다는 비교적 짧은 비거리로 인해서 미스샷이 나더라도 코스를 벗어나거나 하는 등의 사태가 발생하지 않는다고 저는 판단하고 있습니다. 어찌 되었건 평균적으로 97%의 드라이버 사용률이라면 드라이버를 사용하지 않는 파3을 제외하고는 거의 모든 홀에서 드라이버를 잡는다고 볼 수 있습니다.

요약해보면, 남녀 모두 핸디캡과 비거리 사이에는 상당한 상관관계가 있지만, 클럽의 사용에 있어서는 조금은 다른 패턴을 보인다는 것입니다. 또한 실제 비거리에 있어서도 남녀 사이에는 약 40미터 정도의 차이가 존재한다는 것을 확인할 수 있습니다.

페어웨이의 중요성 – 10미터 vs. 14미터

PGA 통계에는, 그린을 향해 치는 샷의 정확성을 측정하는 'Proximity to hole'이라는 수치가 있습니다. '홀에 얼마나 가깝게 붙이느냐'를 측정하는 수치 정도로 해석할 수 있습니다. 즉 파3에서의 티샷, 파4에서의 두 번째 샷, 파5에서의 두 번째 샷 혹은 세 번째 샷을 홀에 얼마나 가깝게 치는지 통계를 낸 것입니다.

티샷의 결과는 보통 2가지 형태로 나타납니다. 페어웨이를 지키거나 러프에 가거나. (물론 OB와 페널티 구역일 수도 있습니다만, 이는 고려하지 않겠습니다.) 페어웨이를 지키는 것이 얼마나 중요한지에 대해서 PGA 투어의 통계 자료는 큰 시사점을 안겨줍니다.

'Proximity to Hole'이라는 수치에 대하여, PGA 투어의 통계치를 보면 페어웨이 위에서 친 샷과 러프에서 친 샷을 별도로 구분해서 확인할 수 있습니다. 이 통계치에 의하면, 페어웨이에서 친 경우, 약 10미터, 러프에서 친 경우 약 14미터 정도의 거리로 홀과의 거리를 남겨 두게 됩니다. 즉, 페어웨이에서 친 샷이 평균적으로 4미터 정도 더 붙었다는 것입니다. 4미터의 거리는 퍼트에서는 성공률에 상당히 큰 차이를 가져올 수 있습니다. 우리가 반드시 페어웨이를 지키는 것이 유리하다고 말하는 데는 이러한 통계적인 수치가 그 주장을 뒷받침하고 있습니다.

티샷의 중요성: 페어웨이 적중률 – 아마추어 평균 47%

"드라이버는 쇼, 퍼트는 돈"이라는 말이 있습니다. 드라이버를 잘 치면 화려해 보일 수는 있지만 스코어에 직접적으로 더 많은 영향을 주는 것은 퍼트를 얼마나 잘하냐는 것이겠지요. 물론 최근에는 이러한 표현이 맞지 않는 경우가 많은 것 같습니다. 특히 브라이슨 디샘보와 같이 압도적으로 멀리 치는 선수, 그리고 정확히 치는 선수들이 많아지면서 드라이버의 중요성, 티샷의 중요성이 더 대두되고 있습니다.

　아마추어 골퍼들이 자신의 티샷의 결과를 쉽게 알 수 있는 수치가 있습니다. 바로 페어웨이 적중률Fairway hit입니다. 페어웨이 주변에는 러프라는 공간이 있는데, 이 러프는 코스 디자인상 0.5~1타 정도의 벌타가 있다고 생각하면 됩니다. 즉 페어웨이를 놓치는 것만으로 최소 0.5타 정도의 손해를 볼 수 있다는 것입니다. 러프의 경우, 잔디에 골프볼이 잠기게 되고, 이 경우 클럽과 골프볼 간의 정확한 임팩트가 생겨날 수 없게 되면서 비거리와 정확성에 있어 결국 손해를 본다는 것입니다. 그래서 페어웨이를 지키는 것이 중요합니다.

핸디캡에 따른 GIR 수치의 변화

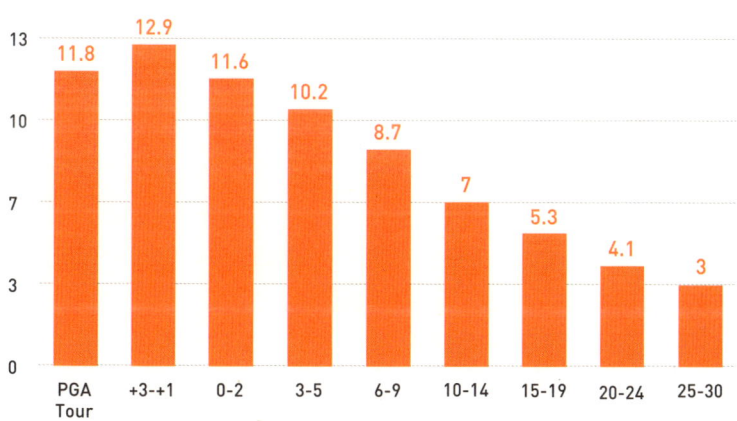

핸디캡이 높아질수록 파 온을 기록하는 횟수가 급격히 떨어집니다. (출처: MyGolfSpy)

티샷 이후 홀 공략, 특히 파4 홀의 경우는 그린을 향한 샷을 하게 됩니다. 이때 GIR(그린 적중률) 수치가 중요해집니다. 일반적으로 '파온'이라고 표현되기도 하는데, 파3의 경우는 티샷, 파4에서는 두 번째 샷, 파5에서는 두 번째 혹은 세 번째 샷으로 그린에 볼을 올린 경우를 의미합니다. 이 경우 그린 위에서 2 퍼트 정도를 하면 파를 기록할 수 있다고 보는 것입니다.

샷 스코프와 샷바이샷닷컴ShotByShot.Com에 의하면 조사된 아마추어 골퍼의 그린 적중률 평균이 약 33% 정도라고 합니다. 물론 이는 핸디캡에 따른 차이가 상당해서, 보기 골퍼조차도 약 5개 홀 정도만 파 온을 기록하는 것으로 조사되고 있습니다. 즉 보기 골퍼들도 30%가 채 되지 않는 것입니다.

그런데 이견의 여지없이, GIR 수치가 높을수록 스코어는 좋아집니다. 이유는 퍼트를 통해서 그린 위에 골프볼을 굴리는 것이 거리와 정확성 면에서 가장 뛰어난 방법이기 때문입니다. 그래서 그린 주변에서 띄우는 샷보다는 가급적 굴리는 샷을 하라는 조언이 있는지도 모르겠습니다. 어찌 되었든 골퍼는 자신의 GIR 수치가 어느 정도 되는지 반드시 확인해볼 필요가 있습니다.

평균 퍼트 수 - 아마추어 평균 34타

우리는 잘 인지하고 플레이하지 않지만, 스코어에서 가장 큰 비중을 차지하는 것이 결국 퍼트 수입니다. 홀에서 2개씩만 한다고 하더라도 36개의 퍼트를 하고 있는 것입니다. 2017년 골프 다이제스트의 조사에 의하면, 아마추어 골퍼들의 평균 퍼트 수는 34개인 것으로 알려져 있습니다. 프린지에서 치는 샷까지 포함하면 스코어의 약 40% 이상이 이루어지는 셈입니다. 참고로 PGA 투어의 경우는 평균 퍼트 수가 약 29타 내외입니다. PGA 투어에서 가장 퍼트를 못하는 사람도 평균 퍼트 수가 31을 넘지 않습니다. 사실 '오케이'라는 배려를 통해서 아마추어 골퍼들이 받고 있는 혜택을 생각해보면, 자신의 18홀당 퍼트 수에 3~4개를 더 추가해야 할 골퍼들도 많지 않을까요?

저는 모든 라운드의 기록을 남기는 편입니다. 페어웨이로 티샷을 했는지, 몇 개의 퍼트를 했는지, 벙커에는 몇 번 들어갔는지 등을 스

짧은 거리의 퍼트 성공률을 높이는 것이 중요합니다. (출처: 게티이미지)

마트폰 메모장에 기록하는 거죠. 기록을 잘한다고 스코어가 줄어들지는 않습니다. 하지만 기록이 누적되면 자신의 게임을 분석할 수 있는 좋은 데이터베이스가 되기도 한다는 점을 기억하고, 10개의 라운드만이라도 기록을 남겨보는 것은 어떨까요?

주요 용어 정리

10

앞에서 골프에서 올바른 용어를 사용해야 하는 이유와 우리가 무심코 사용하는 용어들 중 잘못된 표현이 많다는 점을 강조한 바 있습니다. 여기에서는 골프 규칙상 '정의'되어 있는 용어와 규칙상에는 없지만 우리가 골프를 할 때에 자주 사용하는 단어를 정리해보았습니다. 모든 골프 용어를 정리하면 좋겠지만, 비즈니스 골프에서 반드시 알아야 할 용어들 위주로 정리했습니다. 골프를 즐기는 도중에 자신이 사용하는 용어에 대해 한 번 더 확인해보면 좋겠습니다.

골프 규칙상 용어

개선 Improve
플레이어가 스트로크를 위한 잠재적인 이익을 얻기 위하여 스트로크에 영향을 미치는 상태 또는 플레이에 영향을 미치는 그 밖의 물리적인 상태를 하나라도 변경하는 것.

라운드 Round
위원회가 정한 순서대로 18개의 홀 또는 그 이하의 홀을 플레이하는 것.

라이 Lie
볼이 정지한 지점과 그 볼에 닿아 있거나 그 볼 바로 옆에 자라거나 붙어 있는 모든 자연물, 움직일 수 없는 장해물, 코스와 분리할 수 없는 물체, 코스의 경계물을 아우르는 지점.

마커 Marker
스트로크 플레이에서 플레이어의 스코어 카드에 그 플레이어의 스코어를 기록하고 그 스코어 카드를 확인하고 서명하여야 할 책임이 있는 사람.

마크 Mark

볼이 정지한 지점을 나타내기 위하여, 그 볼 바로 뒤나 옆에 볼마커를 놓아두거나, 클럽을 들고 그 볼 바로 뒤나 옆의 지면에 그 클럽의 한쪽 끝을 대는 것. 이와 같이 하는 이유는 볼을 집어 올린 후 그 볼을 반드시 리플레이스하여야 할 지점을 나타내기 위함입니다.

볼마커 Ball-Marker

티, 동전 등 볼마커용으로 만들어진 물건. 그 밖의 자그마한 장비처럼 집어 올릴 볼의 지점을 마크하기 위하여 사용하는 인공물.

스탠스 Stance

플레이어가 스트로크를 준비하고 실행하려고 자세를 잡는 몸과 발의 위치.

스트로크 Stroke

볼을 치기 위하여 그 볼을 보내고자 하는 방향으로 클럽을 움직이는 동작. 그러나 다음과 같은 경우는 스트로크를 한 것이 아닙니다.

- 플레이어가 다운스윙 도중에 볼을 치지 않기로 결정하여 클럽헤드가 볼에 도달하기 전에 의도적으로 멈추었거나 클럽헤드를 도저히 멈출 수 없어서 의도적으로 볼을 맞히지 않은 경우

- 플레이어가 연습 스윙을 하거나 스트로크를 하려고 준비하는 동안에 우연히 볼을 치게 된 경우

캐디 Caddie

다음과 같은 방법으로 라운드 동안 플레이어를 돕는 사람.

- 클럽의 운반·이동·취급: 플레이를 하는 동안 플레이어의 클럽을 운반하고 이동(예, 카트나 트롤리로 이동)하고 취급하는 사람
- 어드바이스하기: 플레이어의 캐디(파트너와 파트너의 캐디 포함)는 그 플레이어가 어드바이스를 구할 수 있는 유일한 사람.

티 Tee

티잉 구역에서 볼을 플레이하기 위하여 그 볼을 지면 위에 올려놓는 데 사용하는 물체. 티는 반드시 그 길이가 4인치(101.6밀리미터) 이하이고 장비 규칙에 적합한 것이어야 합니다.

홀 Hole

플레이 중인 홀의 퍼팅 그린에서 그 홀의 플레이를 끝내는 지점. 홀의 직경은 반드시 4.25인치(108밀리미터)여야 하며, 그 깊이는 4인치(101.6밀리미터) 이상이어야 합니다.

 골프 규칙 외 용어

DQ Disqualified / **WD** Withdrawn / **MDF** Made Cut, Did Not Finish /
DNS Did Not Show, Did Not Start

투어의 리더 보드에 주로 등장하는 단어들입니다.

DQ라는 단어는 골프 규칙상에서도 많이 언급이 되는 단어입니다. Disqualified의 약자로 '실격'을 의미합니다. 일반적으로 규칙 위반이 발생하여, 경기를 끝까지 마치지 못하게 된 상황을 말합니다. WD는 기권을 의미합니다. 부상을 입었거나 골퍼의 개인 사정으로 인해서 끝까지 경기를 할 수 없는 상황이 발생할 수 있는데, 이때 기권을 하게 되면 리더 보드에 WD로 표기가 됩니다.

MDF는 플레이어가 컷Cut은 통과하였으나, 인위적인 플레이어 수 조정 등으로 인해 플레이를 하지 못한 상황입니다. WD가 플레이어의 선택이라면, MDF는 토너먼트 운영주최측의 결정을 말합니다. DNS는 경기 자체를 시작하지 않은 것으로, '무단불참' 혹은 '불참'으로 해석합니다. 경기 시작을 할 수 없는 상황에 처해 있었거나, 자신의 티오프 시간에 늦는 경우에 이러한 용어가 적용될 수 있습니다.

GIR Green In Regulation

그린 적중률을 뜻하는 단어로, 규정 타수로 그린에 공을 올리는 곳입니다. 파4에서 두 번 만에 올리거나, 파5에서 세 번에 올리는 경우입니다. 파 온Par On으로 표현하기도 합니다.

그루브 Groove

클럽 페이스의 표면에 있는 선을 말하며, 골프볼과의 마찰력을 증가시켜 스핀량을 조절하는 역할을 합니다. 2010년 그루브 규정 변화를 통해, 그루브의 모양과 그루브의 날카로운 정도, 그루브 간의 간격, 너비 등에 대해 광범위하게 제한을 하고 있습니다.

로프트 Loft

샤프트와 클럽 페이스가 이루는 각도입니다. 로프트가 높으면, 즉 각도가 크면 클럽 페이스는 좀 더 하늘을 보고 누워 있는 형태이며, 영어로는 위크Weak하다고 표현합니다. 반대인 경우, 즉 조금 헤드가 서 있는 형태가 되면, 스트롱Strong하다는 표현을 사용합니다. 아이언 클럽에서는 1도의 로프트 차이가 약 2.5야드 정도의 거리 차이를 만들며, 드라이버 스핀량 기준으로 약 200~300RPM 정도의 차이가 납니다.

샌드 세이브 Sand Save

일종의 스크램블링 혹은 파 세이브의 하나로 볼 수 있습니다. 벙커에 볼이 빠진 상황에서도 파 혹은 그보다 좋은 스코어를 내는 것입니다. 일반적으로 샌드 세이브라는 표현을 쓸 때에는 그린 주변의 벙커에서 스크램블링 능력을 보여주는 경우를 의미합니다.

스매시 팩터 Smash Factor

스윙의 효율성을 측정하기 위한 방법으로 하나의 샷에 대해 측정된 볼 스피드를 클럽 스피드로 나눈 값입니다. 즉 어떤 골퍼가 드라이버 샷을 했을 때, 클럽 스피드가 100마일, 볼 스피드가 140마일이었다면, 이 샷에 대한 스매시 팩터는 140÷100=1.4라는 숫자로 표현합니다. 즉 효율성이 1.4라는 것입니다. 드라이버의 경우, 이 값을 1.5에 최대한 가깝게 만드는 것을 목표로 피팅이 진행됩니다. 이 스매시 팩터는 드라이버가 가장 크며, 웨지로 갈수록, 즉 클럽의 길이가 짧아질수록 낮아지는 것이 일반적입니다.

스윙 리듬/스윙 템포 Swing Rhythm, Swing Tempo

스윙의 빠르기를 나타내는 표현으로, 스윙 템포가 스윙 시작부터 끝까지의 전반적인 속도를 나타내는데 비해, 스윙 리듬은 스윙의 각 과정이 어떤 시간 비율로 연결이 되는지를 의미합니다. 투어 선수들의 경우, 플레이어마다 큰 차이를 보이지만, 리듬에는 유사성이 있다고 볼 수 있습니다.

스크램블링 Scrambling

파 온 혹은 GIR을 기록하지 못한 경우에 파 혹은 그 이상의 스코어를 기록하는 것. 파 세이브Par Save 혹은 업 앤 다운Up and Down으로 표현하기도 합니다.

아웃Out 코스 / 인In 코스

보통 18홀로 이루어진 골프 코스에는 '아웃Out 코스' 또는 '인In 코스'로 표기가 되어 있습니다. 과거에 골프 코스를 설계할 때, 클럽하우스에서 멀어지는 쪽으로 1~9번을 설계하고, 다시 클럽 하우스에 가까워지는 레이아웃으로 10~18번을 설계했기 때문에, 1~9번을 아웃 코스로, 10~18번을 인 코스로 표현했습니다. 만약 아웃 코스에서 시작한다면 1번 홀부터 플레이하는 것이고, 인 코스에서 첫 티샷을 한다면 10번 홀부터 플레이하는 것입니다. 많은 골퍼들이 인 코스에서 시작해서 아웃 코스로 끝내는 것으로 알고 있지만, 실제로는 이 반대라서 많은 골퍼들이 혼동을 하는 용어이기도 합니다.

아키텍트Architect

골프 코스의 설계자를 뜻하는 표현입니다. 골프장의 레이아웃 및 난이도는 설계자의 철학에 영향을 받게 됩니다. 대부분의 골프 코스 홈페이지에는 설계자에 대한 정보가 언급되어 있습니다. 대표적인 설계자로는 로버트 트렌트 존스 주니어, 톰 파지오 피트 다이, 잭 니클라우스 등이며, 최근 타이거 우즈가 아키텍트를 맡아 설계한 코스도 있습니다.

야디지 Yardage

골프 코스의 '길이'를 표현하는 단어입니다. 일반적으로 스코어 카드에 코스 전체 및 홀별 거리가 표기되어 있는데, 티잉 구역에 따라 코스의 길이가 달라지게 됩니다. 골퍼의 골프볼이 놓여 있는 곳과 타깃 사이의 거리를 뜻하는 표현으로도 쓰입니다. 이러한 야디지의 정보가 있는 작은 책자를 '야디지 북'이라고 합니다.

엑스팩터 X-Factor

짐 매클린이라는 교습가에 의해서 유명해진 개념입니다. 백스윙을 했을 때, 골반과 어깨의 상대적인 각도 차이를 지칭하는 용어입니다. 상하체의 꼬임의 정도를 측정하며, 이 각도를 얼마나 크게 가져가느냐에 따라서 클럽 스피드를 낼 수 있는 잠재력이 커진다고 볼 수 있습니다.

조절 Adjustability

최근 출시되는 골프 클럽에 적용되고 있는 신기술 추세입니다. 일종의 클럽 퍼포먼스 조절 옵션이라고 볼 수 있습니다. 1) 로프트 변경을 통한 발사각과 탄도를 조절, 2) 라이 변경을 통한 좌우 방향 조절, 3) 무게추 변경을 통한 구질 및 스윙 웨이트 변경이 가능한 제품들이 출시되고 있습니다. 하지만 골프 규칙상 18홀의 라운드를 도는 동안, 이러한 조절 기능을 통해 클럽의 성질을 변경할 수는 없습니다.

컴프레션 Compression

골프볼이 얼마나 단단하거나 부드러운지를 측정하는 지표입니다. 일반적으로 30~120 정도의 수치를 갖게 되는데, 수치가 높아질수록 골프를 압축시키는 데 더 큰 힘이 필요하다는 것을 의미합니다. 이러한 이유로 컴프레션이 높은 골프볼은 단단한 타구감을 느끼게 할 가능성이 높습니다. 기존에는 골프볼에 새겨진 숫자의 색깔 등으로 컴프레션을 구분하였으나, 최근 출시되는 골프볼은 색깔로 컴프레션을 구분하지 않는 추세입니다.

토크 Torque

플렉스 Flex와 같이 클럽 샤프트의 물리적 성질을 나타내는 단어입니다. 비틀림의 정도를 뜻하며, 숫자가 작을수록 비틀림이 적어, 골퍼의 입장에서는 더 강한 샤프트로 느끼게 됩니다.

피칭 Pitching / 치핑 Chipping

어프로치 샷에 있어, 가장 일반적으로 사용되는 방식입니다. 골프볼을 띄워서 깃대에 가깝게 떨어뜨린 후에 조금만 굴러가도록 하는 샷이 바로 피칭이고, 골프볼을 낮게 그린 혹은 그린 주변에 안착시켜 목표 지점까지 많이 굴러가도록 하는 샷이 치핑입니다. 이러한 관점에서 우리가 알고 있는 '범프 앤 런 Bump and Run'이라는 샷은 치핑에 가까운 샷이라고 볼 수 있습니다.

획득한 스트로크 Strokes Gained

PGA 투어는 샷링크Shotlink라는 회사와의 협업을 통해서 '획득한 스트로크'라는 수치를 제공하고 있습니다. 2006년 이후, 샷링크는 GPS 및 레이저 장비 등을 통해서 모든 샷의 거리 등을 기록하는 통계 작업을 진행했고, 이를 토대로, 각 선수들의 샷이 얼마나 그들의 플레이에 도움이 되었는지 또는 손해가 되었는지를 계산해내는 시스템을 개발했습니다. 기존에는 그냥 GIR 비율, 혹은 퍼트 수, 페어웨이를 지킨 비율 등 단순한 통계치로 '절대 비교'를 했었다면, 획득한 스트로크는 다른 플레이어와의 '상대 비교'를 통해 수치를 산출한 것입니다.

획득한 스트로크는 쉽게 말해서 다른 선수들의 평균 대비하여, 해당 선수가 얼마나 더 좋은 혹은 나쁜 스코어를 기록했는지 나타내는 지표입니다. 예를 들어 특정 코스에서 모든 선수의 평균 스코어가 72타였는데, 해당 선수가 69타를 기록했다면, 획득한 스트로크는 '3'이 됩니다. 물론 이 지표는, 전체 타수만이 아니라, 다음과 같은 항목으로 분리가 되어 상황별 통계를 제시합니다.

- Off-the-Tee: 파4 및 파5에서 티샷을 통해서 얼마나 스코어링에 도움을 받았는가
- Approach-the-Green: 어프로치 샷을 통해서 얼마나 스코어링에 도움을 받았는가

- Around-the-Green: 30야드 이내 그린 주변의 샷을 통해 얼마나 스코어링에 도움을 받았는가
- Putting: 퍼트를 통해 얼마나 스코어링에 도움을 받았는가

비즈니스 관계에서 통용되는 단어, 그리고 특정한 시기에 던져지는 화두가 있듯이, 골프에 있어서도 이러한 용어들이 있게 마련입니다. 올바른 용어를 익히고 적절한 상황에서 사용하는 것이야말로 비즈니스 골프의 중요한 기본 중 하나임을 다시 한번 강조하며 글을 마무리할까 합니다.

에필로그

이제 책의 에필로그를 남겨야 할 시간이네요.

골프 책을 쓴다는 것이 이렇게나 어려운 일인 줄 알았다면 감히 엄두를 내지 않았을 것 같습니다. 제가 그동안 썼던 글들을 모아서 그저 엮기만 하면 되는 쉬운 일이라고 생각했는데, '책'은 온라인에 남겨둔 저의 칼럼들과는 결이 다른 매체라는 것, 그리고 모든 글자가 인쇄되어 남겨진다는 생각에 부담감이 점점 커졌습니다. 그래서인지 마지막 탈고 후 글을 다시 읽어보니 뿌듯함보다는 아쉬움이 더 남습니다. 어쩌면 그게 당연하지도 모르겠습니다.

2019년 봄부터 일요일 오후 3시는 언제나 저에게 의미 있는 시간이었습니다. 제가 연재하고 있는 '시리어스 골퍼' 칼럼을 쓰는 시간이기 때문입니다. 아마도 숨 쉬는 것을 제외하고는, 태어나서 가장 오래 그리고 꾸준하게 몰두하여 한 일이 아닌가 싶습니다. 주제를 정하지 못해 토요일 밤부터 방학 숙제 못한 아이처럼 잠을 이루지 못한 적도 많았습니다. 그렇게 매주 일요일 오후에 숙고의 시간을 보냈고, 매주 어김없이 월요일 9시에 칼럼을 발행했습니다.

20여 년간 골프를 해오면서 제가 느낀 점은 하나였습니다. 실력만큼이나 에티켓과 매너, 그리고 올바른 지식을 갖는 게 중요하다는 것이었습니다. 저는 모든 골퍼들이 그렇게 되기를 바라는 마음 하나로 일요일마다 자세를 고쳐 잡고 글을 썼습니다.

골프는 특히 일을 하는 사람들 사이에서 중요한 수단이 되었습니다. 사업가이든 직장인이든 이미 비즈니스 수단으로 자리 잡은 골프의 위상을 생각하면서 '비즈니스 골프' 관점에서 책을 엮어보게 되었습니다. 비즈니스 관계를 돈독히 하기 위해 회사와 조직을 대표해서 골프 라운드에 나서는 사람들에게 꼭 필요한 글이 되기를 희망합니다.

왜 골프가 좋은지, 골프가 가진 매력이 무엇인지 묻는 사람들에게 저는 늘 같은 답을 했습니다.

"내 맘대로 되지 않아서…."

골프 레슨을 몇 번 받고, 새 장비를 마련하고, 유튜브에서 괜찮은 골프 영상을 하나 보고 나면 골프의 고수가 된 느낌이 들 수 있습니다. 특히 이제 막 입문한 경우엔 더욱 그렇죠. 하지만 필드에 나가보면 결국 '겸손'을 배우게 됩니다. 골프를 치다 보면 자만과 겸손의 상황이 계속 반복되죠. 물론 좌절할 필요는 전혀 없습니다. 골프의 결과는 내 마음처럼 되지 않을 수 있지만, 적어도 내가 어떤 골퍼가 될 것인지, 어떤 동반자가 될 것인지는 내 의지로 바꿀 수 있습니다. 우리 인생이 그렇듯이요.

이 책을 읽었다고 해서 갑자기 타수가 확 줄어드는 요행이 일어나진 않을 겁니다. 하지만 많은 사람들이 함께 하고 싶어하는 골프 동반자가 되어 있을 수는 있습니다. 그게 제가 가장 바라는 바이고, 제가 독자 여러분에게 도움을 줄 수 있는 부분입니다. 이 책이 여러분의 골프 마인드에 조금이나마 좋은 영향을 끼쳤기를 바라며 이만 글을 마무리합니다.

제가 사랑하는 골프를 더 좋은 사람들과 오래 즐길 수 있기를 희망합니다.

마지막으로, 지난 20년이 넘는 회사 생활 동안 함께 해주었던 많은 선배님들, 동료들, 후배들, 그리고 특히 함께 골프에 열정적이었던 동반자들 모두에게 감사합니다.

참고문헌

데이브 펠츠(원형중 옮김),『숏게임 바이블』, 학원문화사, 2013

데이브 펠츠(한정은 옮김),『퍼팅 바이블』, 학원문화사, 2013

밥 로텔라(원형중 옮김),『골프, 완벽한 게임은 없다』, 루비박스, 2005

오츠키 요시히코(이용택 옮김),『골프는 과학이다2』, 아르고나인, 2011

피아 닐슨, 린 메리어트(원형중 옮김),『모든 샷에 집중하라』, 루비박스, 2007

Ben Hogan,『Ben Hogan's Five Lessons: The Modern Fundamentals of Golf』, Touchstone, 1985

George Pepper,『The Story of Golf』, TV Books, 1999

Michael Hurdzan,『Golf Course Architecture』, Wiley, 2006

성공을 부르는 비즈니스 골프 수업

초판 1쇄 발행 2022년 10월 7일
초판 4쇄 발행 2022년 11월 25일

지은이 시리어스 골퍼(김태훈)
발행인 이재진
Udemy사업단장 박민규
편집 양현수 **디자인** 데시그
마케팅 최혜진 이인국
제작 정석훈

브랜드 웅진윙스
주소 경기도 파주시 회동길 20
문의전화 02-6744-0011(편집) 031-956-7089(마케팅)
홈페이지 www.wjbooks.co.kr
페이스북 www.facebook.com/wjbook
포스트 post.naver.com/wj_booking

발행처 (주)웅진씽크빅
출판신고 1980년 3월 29일 제406-2007-000046호

ⓒ 김태훈, 2022
ISBN 978-89-01-26410-3 13690

웅진윙스는 ㈜웅진씽크빅 단행본사업본부의 브랜드입니다.
저작권법에 의해 보호를 받는 저작물이므로 무단 전재와 무단 복제를 금지하며,
이 책 내용의 전부 또는 일부를 이용하려면 반드시 저작권자와 ㈜웅진씽크빅의 서면 동의를 받아야 합니다.

※ 책값은 뒤표지에 있습니다.
※ 잘못된 책은 구입하신 곳에서 바꾸어드립니다.